覚悟の決め方

上原浩治
Uehara Koji

PHP新書

序章——自分を信じ、覚悟を決めるために

「覚悟」とは何か——。

私に言わせれば、こういうことだ。

困難が予想されることに対して、逃げることなく正面から受け止め、跳ね返すだけの心構えをすること——それが覚悟だと思っている。

いまの私の仕事は、クローザーだ。毎試合、チームの勝利を決める重要な場面でマウンドに上がる。クローザーの出来は、勝敗に直結する。

そのプレッシャーに怯《ひる》むことなく、持てるかぎりの力をすべて出し切って克服し、跳ね返す。それがクローザーに求められることであり、そうした困難に立ち向かうための勇気を促してくれるのが、「覚悟」である。

逃げ出したくなるような緊張を強《し》いられる困難な状況のなかで、自分の力をどれだけ発揮できるかは、どれだけ覚悟を決められるかにかかっている。

二〇一四年シーズンが始まった。今年もボストンのフェンウェイ・パークのマウンドに上がる私にスタンドからの歓声が聞こえてきた。昨シーズンのワールドシリーズ制覇はすでに過去のことである。私は過去にはこだわらない主義だ。新しいシーズンに入ったいまは、いや、つかのまのオフが終わり、今季に向けてトレーニングをスタートさせた時から、私の頭のなかにあるのは、毎試合、いかに万全の状態でブルペンを出られるか、ということだけだ。

本書では、私がいかにして覚悟を決めているのかということについて述べていきたい。覚悟を決めるために、私が何を考え、どのような行動をとってきたのか——それを語ってみたいと思う。そのために、あえてこれまでの歩みを振り返ってみることにしたい。

「コージ！　コージ！　コージ！」

一九一二年に建設された、メジャーリーグで使用される球場のなかでもっとも古い歴史を持つボストンのフェンウェイ・パークには、これまで聞いたことのない、盛大な〝コージコール〟が渦巻いていた。

ファン全員が立ち上がっての、熱いほどの声援と視線を浴び、読売ジャイアンツ時代から変わらない「19」が背中に縫《ぬ》い取られた伝統のボストン・レッドソックスのユニフォームに身を包んだ私は、小走りでマウンドへと向かっていった。

二〇一三年十月三十日――。

アメリカン・リーグを制した私たちは、ナショナル・リーグのチャンピオン、セントルイス・カージナルスと「世界一」をかけてワールドシリーズで激突することになった。

本拠地で迎えた第一戦に八対一で快勝したボストンだったが、続く第二戦は二対四で落とし、セントルイスのブッシュ・スタジアムに舞台を移して行われた第三戦も、走塁妨害の判定で不本意なサヨナラ負け。

しかし、セントルイス打線を二点に抑えて第四戦を制すと、第五戦も三対一で連勝。世界一に王手をかけ、再びフェンウェイ・パークでセントルイスを迎え撃つことになった。その第六戦でも、ボストンは三回裏に三点を先制し、四回にも三点を追加。七回に一点を失ったものの、ゲームは六対一のまま九回へ。あとアウトを三つ取れば、六年ぶり八度目の、そして九十五年ぶりとなる本拠地でのワールドシリーズ制覇が現実のものとなる。私がマウンドに向かったのは、そういう場面だった。

五点のリード。いつもの登板に較《くら》べれば、楽な場面だった。事実、ディビジョン・シリーズ、リーグ・チャンピオンシップ、そしてこのワールドシリーズを通じて、もっともリラックスしてブルペンを出ることができた。

とはいえ、レギュラーシーズン一六二試合を戦ったあと、ほぼ休みなしでポストシーズンに突入して約一カ月。疲労が限界に達していたのも事実だった。

とりわけ、前年のリーグ王者デトロイト・タイガースとあいまみえたリーグ・チャンピオンシップはしんどかった。楽な試合はひとつもなかった。

六試合中、私は第四戦を除く五試合に登板したのだが、そのうちの四試合が一点差ゲーム。二〇一二年に三冠王を獲得したミゲル・カブレラや二〇〇七年のホームラン王、プリンス・フィルダーらを擁《よう》すデトロイトの強力打線とそういう状況で対峙《たいじ》するのは、本当にきつかった。肉体的にはまだしも、精神的に疲れきり、睡眠薬に頼らなければ眠ることができないほどだった。

そんな私を支えたのは、「自分を信じる心」だった。

「打たれるわけがない」。いつもそう信じて私はマウンドに上がっている。

なぜ、そう思うことができるのか——。

「すべきことはすべてやった」

マウンドに上がる時、私にはそういう自負がある。だから、自分を心底信じることができる。

「このマウンドに上がるために、自分はこれだけ準備したんだ。そんな自分が打たれるわけがないじゃないか！」

しっかり準備して、自分自身を信じることができれば、もはや恐れるものはない。

「覚悟」を決めることができるのだ。

「これだけ準備した自分が打たれるはずがない。思い切ってキャッチャーのミットめがけて投げ込むだけだ。それで打たれたらバッターの力のほうが上だったということだ。もっと努力して、次は抑えられるようになればいい」

ワールドシリーズ第六戦の九回も、私はそう覚悟を決め、いつものように左足からブルペンを踏み出し、慣れ親しんだフェンウェイ・パークのマウンドに向かった——。

編集協力――藤田健児
メディアプレス
帯・表1写真――荒川雅臣
帯・表4写真――『不変　上原浩治』（小学館刊）より

覚悟の決め方◎目次

序章――自分を信じ、覚悟を決めるために　3

第1章　不安こそ力になる

不安が自分を動かすエネルギー　18
「やけくそ」と「開き直り」は異なる　22
「運」も「奇跡」も自分で呼び込むもの　24
何も変えない勇気　26
ルーティンほど難しい　32
後悔だけはしたくない　34
不安が準備を呼ぶ　37
プロは結果がすべて。責任は自分で取るしかない　41

第2章

失敗を「準備」に活かす

毎日の小さな目標を積み重ねる 46
「正しい準備」と「間違った準備」 50
失敗を活かし、トレーニング法を変える 53
メジャーのマウンドの硬さに応じてフォームを改造 56
人は成功ではなく、失敗から学ぶ 58
テキサスでの失敗 61
〝転校生〟だったテキサス時代 64
通訳とはなるべく一緒にいないようにする 66
仲間を大切にしたいという雰囲気が高いパフォーマンスを生む 69
ニュー・デイ——必要以上に失敗を引きずらない 72

第3章 気持ちを投じる

二種類のボールで抑えられる理由 76
キレによって体感速度を上げる 80
すべてで六〇点を取るよりも、ひとつで一〇〇点を目指す 82
本当のチームプレーとは、全力で個人が戦うこと 84
感情を出して、気持ちをリセットする 87

第4章 我慢しながら、自ら行動する

引退もよぎった右ひじ痛 92

ケガに泣いた巨人での二、三年目 95
挫けそうになる心を支えた「19」 98
我慢の心 102
よい時も我慢、悪い時も我慢 104
つらいと感じた時こそ、負荷をかける 107
野球をやめようかと考えた高校時代 109
やらされることほど楽なことはない 110
つまらないプライドは捨て去って、訊く大切さ 116
言われたことはなんでも試してみる 118

第5章 何かを犠牲にしなければ成果は得られない

「力」以外も磨く必要がある 124

日本か、アメリカか 129
一〇〇パーセントの自信がなければ来ないほうがいい 131
強いチームで切磋琢磨してこその「キャリアアップ」 133
再び高まったメジャー挑戦の気持ち 135
ボルチモアでスタートした「第二の野球人生」 138
球場に行くのが楽しい 140
自分はなんのためにアメリカにやってきたのか？ 143
遊びで得られる満足感より、野球で得られる満足感のほうがはるかに大きい 147

第6章 反骨心

非エリート 152
ライバルの存在が自分を突き動かす 154

用具をゴミ箱に捨てるエリートたち 156
地味なドラフト一位 158
ダルビッシュ投手の入団が刺激に 160
中継ぎは先発の降格ではない 163
マー君の移籍が火をつける 165

第7章 覚悟を決める瞬間

まさかの三試合連続被弾 168
三者三振で雪辱 170
チームから必要とされていない 172
なぜ、あの人のためにがんばろうと思えるのか 174
クローザー転向 177

クローザーを経験し、思いやりや感謝の心が強くなった 179
決断、行動し、責任を取ってこそ、自分の人生 182
誰かが発言しなければ現状は変わらない 184
心が充実してこそ、技術、身体がついてくる 188
反骨心全開でリーグ・チャンピオンシップ進出 190
シリーズMVP 192
世界一 195

おわりに

おわりに——自分で限界をつくらない 198

第1章

不安こそ力になる

不安が自分を動かすエネルギー

「どうやってプレッシャーを克服するのですか？」

よく訊《き》かれる質問だ。

野球では、「ブルペンエース」と呼ばれるピッチャーがよくいる。ブルペンではものすごいボールを投げるのに、いざ実戦のマウンドに上がると、持てる力を発揮できないピッチャーのことだ。

そういうピッチャーを、私もこれまでに何人も見てきた。彼らは総じてプレッシャーに弱い。バッターを前にすると、緊張のあまりコントロールを乱したり、力《りき》んで棒球《ぼうだま》になったりしてしまうのだ。

私の場合、そういうことはない。よく指摘されるように、どんな状況でも、テンポよく初球からどんどんストライクを取っていくことができる。

もちろん、私だってプレッシャーは大いに感じている。

いまの私はクローザー、抑え役という立場にある。マウンドに上がるのは主に最終回、チームの勝利がかかった大事な場面だ。周囲は「抑えて当たり前」と信じて疑わない。もし打たれて逆転されたりするものなら、ボロクソに非難され、戦犯扱いされる。メディアも、抑えた時はほとんど取材に来ないが、打たれるとここぞってやってくる。

失敗は許されないから、たとえ格下と思われるバッターが相手でも一球たりとも力を抜くことはできない。先発の場合は、すべて全力で投げたらもたないから、どこかでいわゆる〝抜く〟ことが必要だけれど、クローザーはそうはいかない。私は一イニングの投球数を一五球と考えているが、そのすべてを全力で集中して投げることが要求される。

「マウンドに上がりたくないなあ」と思うことはないが、登板する状況によっては「なんでこんなところにいるんだろう」とか「打たれたらどうなるんだろう」などと考えることはある。実際、足が震えることもある。

そうした不安を払拭《ふっしょく》するためには「一日一日」の積み重ねが求められる。言い換えれば、「今日を見る」ことが大切だと私は思っている。

クローザーは、一日でも無駄にして過ごすことができないポジションである。中四日で登板する先発投手と異なり、毎試合ブルペンに入り、試合展開次第では、肩をつくり登板に備えなければならない。実際に先発で打たれるよりも、勝敗に直接かかわるクローザーで打たれるほうが落ち込む。そのぶん、どんなピンチでもマウンドに上がってバッターを抑えると、たとえ打者ひとりの登板でも喜びはすごく大きい。

なかでも二〇一三年のデトロイト・タイガースとのリーグ・チャンピオンシップの六試合はきつかった。しかし、そのプレッシャーを乗り越えた喜びは大きかった。

初戦は〇対一とリードされた九回に登板。第二戦は八回にデビッド・オルティーズの満塁ホームランで同点に追いついたあとの九回にマウンドに上がり、第三戦は一点リードして迎えた八回、二死一、三塁という場面から。敗れた第四戦は出番がなかったが、二勝二敗で迎えた第五戦はやはり一点リードの八回ワンアウトという状況でリリーフに立った。

ワールドシリーズ進出を決めた第六戦も含めて、私は五試合に登板したわけだが、二点以上のリードを背負ってマウンドに上がったのは第六戦だけだった。

「果たして最後までもつのだろうか……」

自分でも不安になったほどだった。負ければシーズンが終わってしまうポストシーズンというサバイバルレースは、たとえ登板しなくても疲労する。毎日が精一杯で、肉体はまだしも、精神的な疲れはこれまでに体験したことのないものだった。胃がキリキリと痛んだ。

「吐きそう……」

シリーズMVPを獲得した際のインタビューで私は思わずもらしたけれど、まさしくあれは本心から出た言葉だった。

ただ、不安やプレッシャーは悪いものではない。不安があるからこそ、「準備を怠《おこた》りなく」と思うことができる。不安に押し潰されるのではなく、不安こそが自分を動かすエネルギーとなりえるのだ。

「やけくそ」と「開き直り」は異なる

それでは、私はどのようにプレッシャーを克服しているのか――。

正直言って、よく分からない。

「結果が出ているから、克服していることになるのだろう」

そう答えるしかない。

ただ、プレッシャーがかかる場面でマウンドに上がった時、私はこう考えてバッターと対峙している。

「たとえ打たれても、別に命まで取られるわけじゃない」

言うなれば、開き直りだ。

「打たれたら仕方がない」

そう覚悟を決めて投げている。

そもそも一〇〇パーセント抑えられるピッチャーなんて、絶対にいない。防御率〇・

○○のピッチャーは存在しないのだ。抑えようと思って必ず抑えられるような、メジャーはそんな甘い世界ではない。打たれたら「向こうのほうが実力が上なんだ」と思わないとやっていられない面もある。

ただし、誤解してほしくないのだが、これは「やけくそ」とか「やぶれかぶれ」という意味では断じてない。

「やけくそ」とか「やぶれかぶれ」というのは、なんの準備もしないで、一《いち》か八《ばち》かの賭けに出ることを言う。ある意味、自己正当化、あるいは逃げの姿勢と言っていいだろう。

対して、私の言う「開き直り」とは、「人事を尽くして天命を待つ」という感じだろうか。すなわち、できるかぎりの、最大限の準備をしたうえで、自分を信じて覚悟を決め、全力を尽くして結果は神様に委《ゆだ》ねる、ということだ。

「自分は、このためにこれだけ準備してきたんだ。ならば、その自分を信じて、持てる力をすべてぶつけるしかない」

そういう気持ちで私はいつもバッターと対峙している。

言葉を換えれば、しっかりと準備をしたからこそ、自分を信じることができるのだ。入念な準備が自信を生むのである。自信は他人がつくってくれるものではない。自分自身でつくるものだ。その気持ちが、結果としてプレッシャーをはねのけることになっているのだろう。私はそう思う。

「運」も「奇跡」も自分で呼び込むもの

たとえば、ヒット性の痛烈な当たりが野手の正面に飛んだり、完全に抜けたと思った打球が好捕されたりしてアウトになることがある。逆に、詰《つ》まった当たりが野手と野手のあいだに落ちてポテンヒットになったり、ピッチャーからすれば狙《ねら》い通りのコースに狙い通りのボールを投げられたのに、いとも簡単に打たれたりすることもある。はたから見れば、ラッキーあるいはアンラッキーに思えるかもしれない。マスコミなどは、予想外の出来事が起きると、「奇跡」とか「ミラクル」という表現をよく使う。

私も「運」や「ツキ」というものを完全には否定しない。イメージ通りのボールを投げられ、完全に打ち取ったと思った時でも、ヒットにされることがある。そういう場合は、運が悪かったとか、ツイていないというふうに、ある程度割り切らないと前に進めないからだ。

でも、たいがいは起こった結果には、そうなった理由があるのではないかと思う。たとえば、抜けたと思った打球がキャッチされたのは、あらかじめ野手が守る位置を変えていたからだったかもしれないし、イメージ通りのボールが痛打されたのは、バッターが配球を読んでそのボールを待っていたからだろう。

つまり、どれだけ事前に準備したか。それによって、結果はずいぶんと変わってくるのだ。

痛烈な打球が野手の正面に飛んだのも、野手のあいだに落ちてポテンヒットになったのも、「野球の神様」がいて、その神様がより多く準備したほうに味方してくれた結果なのだと私は考えている。

言い換えれば、「運」や「奇跡」というものは、自分で呼び込むものなのであり、それができるかどうかは、準備の多寡《たか》に比例すると思うのだ。

何もしないで結果が出れば、こんなに楽なことはない。けれども、そんなことはありえない。しっかり準備をするからこそ、運やツキも味方となり、結果が出るのだと思う。「努力は裏切らない」とは野村克也《のむらかつや》さんの言葉だったと思うが、より努力した者が報われるのだ。そうでなければおかしい。これは野球にかぎった話ではないと思う。

何も変えない勇気

「最大限の準備をする」と言っても、何か特別なことをするわけではない。毎日、同じことを黙々とこなしていくだけだ。

調子がいい時も、落ち込んでいる時も、抑えたあとも、打たれたあとも、私は何も変えず、自分のペースを崩すことはない。そして、それは私がもっとも大切にしていることでもある。

メジャーリーガーの生活というと、派手なそれを想像されるかもしれないが、シーズン中の私の日常は、ある意味、おそろしく単調で地味だ。人によっては退屈に思えるかもしれない。

家族はアメリカに来て最初に居《きょ》を構えたボルチモアに残したままなので、いまの私はボストンのワンベッドルームのホテルで単身生活を送っている。地元でナイトゲームがある時は、夜の七時プレーボールならだいたい十二時半くらいに車で十分ほどのフェンウェイ・パークに入り、まず選手食堂で食事をとる。

この食堂には日本人のシェフがいて、メニューはほぼ決まっている。「ポークの野菜炒め、照り焼きソース」。それをおにぎりの上に乗せ、レトルトの味噌汁とともに食べる。

それから前日の疲労を回復したり、ケガを予防するために一時間から一時間半くらいマッサージを受ける。

それが終わると、ウェイトを中心にトレーニングをする。ストレッチから始め、次に腹筋、上半身、下半身を強化し、最後に自転車型のマシーンで締める。時間にして一時間ほどだが、時には声をあげるほどしんどい。

その後、チーム全体のウォーミングアップやキャッチボールを行い、それが終わると軽食を食べたり食べなかったり。以前は試合が始まる前に二十分ほど昼寝をするのが常だったが、いまはあまり眠らなくなった。マッサージ中にうとうとするくらいだ。

試合に臨むにあたって、何か縁起をかついだり、神頼みをする選手もいるかもしれない。でも、私はそういうことはしない。ソックスを左足から履《は》いたり、左足からブルペンを出たりということはあるが、それらはたんなる癖。なんとなく気持ちが悪いからに過ぎない。縁起をかついだりすると、それが気になって、試合に集中できなくなる。だから、私はそういう習慣を持たないのだ。

試合が始まって、ブルペンに向かうのは二回か三回くらいが目安。ブルペンではまず常備してあるコーヒーを飲み、タズこと田澤純一《たざわじゅんいち》ととりとめのない話をする。ブルペンに言葉が通じる同じ日本人であるタズがいてくれるのは、私にとって精神的に大きな助けとなっている。

こんなふうにリラックスしてゲームを見ながら、相手バッターの調子などをチェックするのが試合の序盤から中盤までの過ごし方だ。

ちなみに言っておくと、私はあまり対戦バッターのデータを信用しない。一応は見るけれど、それに頼ることはない。日本と違って、同じバッターと対戦する回数が少ないということもあるが、やはりデータはあくまでも過去のものでしかないからだ。

　バッターも人間だから好不調の波がある。それこそ一試合、一打席でガラッと変わることもある。実際に対戦する時は、まったく別のバッターになっている可能性だってあるわけだ。だから——無視はしないし、頭には入れておくけれど——盲信《もうしん》はしない。

　それよりも私は、バッターのその日の第一打席に注目している。醸《かも》し出す雰囲気とか、ボールの見逃し方、ファウルの仕方などを見逃さないようにしている。私にとっては、自分の目で確かめた事実のほうがはるかに頼りになるし、有益なのだ。

　ゲームが五回を過ぎると、試合展開を見ながら登板に向けて徐々に気持ちを高めていく。そして登板がありそうなら七回裏からストレッチを始め、「ない」と判断すればもう一杯コーヒーを飲んで身体を休める。

　登板に向け、スイッチを入れるのは八回表から。気持ちを高めるとともに、ピッチング練習をスタートさせる。ブルペンでの投球数は、一〇球もあれば充分だ。七～八割の力を入れて投げる。

「よくそれで肩が仕上がるな」と驚かれることがあるけれど、これも事前の準備があればこそ、だ。試合前にしっかり身体を動かし、遠投を含めたキャッチボールをきちんとしておけば問題はない。

あとはマウンドで与えられた八球の投球練習を全力で投げる。その際、一球目はマウンド後方の芝生のあたりから投げる。自分の身体と心に「遠いな」というイメージを植えつけるためだ。そうすることで、実際にマウンドから投げた時、キャッチャーまでの距離が短く感じられる。心理的に少し楽になるわけだ。

試合が終わると、登板した時はスクワットやダンベルなどを使った軽めのトレーニングをしてから帰路につく。いちばん最初に球場に来るのはたいがい私で、いちばん最後に球場をあとにするのもたいがい私だ。

試合時間にもよるけれど、ホテルに着くのはだいたい深夜十二時を過ぎる。まずはバスタブにたっぷりのお湯を張り、入浴剤を入れてゆったりとつかる。一日でもっともリラックスし、幸福感を味わう瞬間だ。

そうして缶ビールとともに夕食（実際には夜食だが）をとる。といっても、高級なものではない。ボストンで試合がある時は、球場で食事を済ませ、遠征先では、球場のクラブハウスからプラスチック容器にありあわせの食事を詰めて持ち帰ることが多い。しかも、いつもひとりで食べる。

日本にいたころは食事をしたあと、お酒を呑みに行くこともあったけれど、この五年間はお酒を呑むどころか、外食をしたことすらない。誰かに誘われても断ってホテルに帰る。というのは、日課となっている電気治療をしなければならないからだ。

これは超音波を肩やひじ、ハムストリング（太ももの裏の筋肉）などに当てるもので、私は三十分以上かけて入念に行うようにしている。日本にいた時からやっていたものだが、アメリカに来てからは毎日行うようになった。呑みに行っている時間はない。治療が終われば、もう二時過ぎ。それから気分転換も兼ねてブログを更新したり、ツイッターでつぶやいたりして三時ごろ就寝、というのが日常だ。シーズン中は毎日、このサイクルを繰り返している。

「二〇一三年にあれだけ活躍できたのは、何が理由ですか？」

よく訊かれたが、私にはこう答えるしかない。

「こうした準備を毎日積み重ねたから」

何かを「変える勇気」も必要だが、「変えない勇気」も必要なのだ。

ルーティンほど難しい

ホテルと球場を往復するだけの、判で押したような単調な毎日。ビジネスパーソンや公務員の人より変化がないかもしれない。

言い換えれば、私の生活はすべてが野球を中心に回っているということだ。

ボストンの街を私はほとんど知らない。観光したことがないからだ。いかにベストの状態でマウンドに上がるか。私の日常はそのためにあると言っても過言ではない。その「一日一日」の積み重ねが、いまの私を支えているのだ。

シーズンが終わっても、完全なオフと言えるのは二、三週間くらい。二〇一三年はワールドシリーズに出場したので、トレーニングを始めたのは十一月に入ってからだったが、例年は十月半ばから始動し、日本に帰って過ごす日々も、月曜日から金曜日まで毎日、朝八時半ごろから十二時過ぎまで、ランニング、キャッチボール、ウェイトなどをする。それが終われば、いつもの治療を一時間から一時間半くらいかけて行う。

治療が終われればもう夕方だ。それから取材を受けたり、テレビに出演したりすることもあるが、トレーニングに支障が出るようなものはすべてお断りしている。そして、二月上旬くらいにはアメリカに戻り、スプリング・キャンプに合流する。

毎日同じことを淡々と、黙々とこなす——。はたから見れば、もっとも楽そうに見えるかもしれない。簡単そうに思えるかもしれない。

でも、じつはこれがいちばん難しい。つくづくそう思う。

人間だから、体調が思わしくない時もあれば、どうしても気分が乗らない時もある。打たれればやけ酒を呑んで寝てしまいたいと思うこともあるし、気分転換のためにパーッと発散したい時だってある。シーズンが深まっていけば疲れがたまっていく。実際、二〇一三年のポストシーズンの最後には、睡眠薬と胃薬と鎮痛剤の世話にならざるをえなかった。

「休みたい。一日くらいやらなくてもどうってことはないだろう」

つらい時は、ついそう考えてしまうのが人間だ。私だって、トレーナーや通訳には毎日のように愚痴《ぐち》をこぼしている。

「しんどい」

「なんで投げなあかんの？」

ふたりがいることで、とても助かっているのだが、でも、そうやって愚痴をこぼしつつも私は、毎日ルーティンと向き合っている。きつかったポストシーズンの最中も、いつもと同じ日課を――缶ビールの数は少しだけ増えたけれど――こなした。トレーニングも治療も一日も欠かすことはなかった。

後悔だけはしたくない

私は決して強い人間ではない。弱いとも思わないが、そもそも強い人間なんていないのではないか。誰もひとりでは生きていくことはできないのだから……。

では、いったい、何が私にそうさせるのか。他人からすればストイックに見えるほど、同じ日常を積み重ねさせるのか――。

答えは極めてシンプルだ。

「後悔したくない」

それが理由だ。

後悔にはふたつある。私はそう思っている。

ひとつは「あの時、どうしてあんなことをしてしまったのだろう……」という後悔。

そしてもうひとつは、「あの時、どうしてこうしなかったのか。こうしておけばよかったのに……」という後悔だ。

私に言わせれば、そもそも過去は戻ってこないのだから、どちらの後悔もしてもしようがないと思うのだが、前者はまだいい。結果としてうまくいかなかったかもしれないが、「何かしらの行動を起こした」ということだからだ。

だから、私は「行動した」ことに対する後悔はしたことがない。正しいと思って自分で選択したのであれば、たとえ失敗したり、裏目に出たりしたとしても、むしろ誇《ほこ》りに思っていい。新しいことや不可能だと思っていたことにチャレンジしたのなら、なおさらだ。

その結果、うまくいかなかった場合に必要なのは、「どうしてそんなことをしてしまったのか」という後悔ではなく、「どうしてうまくいかなかったのだろう。どうすればよかったのか」と反省することだろう。そうすれば、失敗はむしろプラスになる。

対して後者の後悔、すなわち「あの時こうしておけばよかった」という後悔は論外だ。何も行動しないで、あとから「こうしておけばよかった」などと悔《く》いるのは最低だと思う。いいことなどひとつもない。

そういう人間は、自分では何もしないくせに、実際に行動を起こした他人の成功をうらやんだり、妬《ねた》んだりする。あるいは自分は安全な場所にいて、実際に戦った結果として失敗した人を冷笑したり、批判したりする。

私は、そういう後悔を絶対にしたくなかった。どれだけ後悔しようと、絶対に過去は戻ってこない。どんなにお金があっても、過去を買うことはできない。やり直すことはできないのだ。

打たれて敗戦投手になったとしても、しっかり準備したうえでの結果だったら、仕方がない。なぜ打たれたのか反省したら、あとは気持ちを切り替えるだけだ。

だが、遅くまでお酒を呑んだ翌日に打たれたり、電気治療をしなかったばかりにケガをしたりしたら、つまり準備を怠ったことで悪い結果を招くことになったら、悔やんでも悔やみきれない。

だから、試合の前日に夜遅くまでお酒を呑むなんてことは、アメリカに行ってからは一度もないし、もうこのまま寝てしまいたいと思った時でもひとり治療をする。

私は憶《おぼ》えていないのだが、きっと過去に準備を怠ったことで痛い目に遭ったことがあるのだろう。だから、二度とそういう嫌な気持ちは味わいたくないし、その気持ちが、どんなに疲れていても、どんなに精神的に落ち込んでいても、万全の状態で試合に臨むための準備を私に強いるのだ。

不安が準備を呼ぶ

私は、放っておかれると練習をやり過ぎてしまう。渡米二年目から私のパーソナルトレーナーを務めてくれている内窪信一郎《うちくぼしんいちろう》氏からは「やり過ぎてはいけない」といつも忠告されるし、自分でも腹八分目がちょうどいいと分かってはいるのだが、なかなかやめることができない。満腹にならないと気が済まないタイプなのだ。内窪氏は「止めるのが大変だ」といつも言っている。

別に練習が好きなわけではない。

しかし、やらないではいられないのだ。

なぜか――。

不安だからだ。

内窪氏から「これ以上やらないでくれ」と止められると、すごく不安になる。

「こんだけでいいんか……?」

そう思ってしまうのだ。

ジャイアンツに入団して最初のキャンプで、初めてブルペンに入った時の衝撃を、私はいまだに忘れない。桑田真澄《くわたますみ》さん、槙原寛己《まきはらひろみ》さん、斎藤雅樹《さいとうまさき》さん、入来祐作《いりきゆうさく》さん、西山一宇《にしやまかずたか》さんら、当時の主力投手陣の投げるボールを見て、心底驚いた。

「これがプロというものなのか……」

「この人たちと勝負しなければいけないのか」と、正直、ビビった。大きな不安を感じた。

そういう不安は、いまも常にある。

何年プロを経験しようと、どれだけ実績を積み重ねようと、開幕を前にすると、私は毎年不安に苛《さいな》まれる。

「今シーズンは結果が出せるのだろうか。もしかしたら、自分のピッチングは通用しないのではないか……」

おそらく、これは私だけではないと思う。多かれ少なかれ、誰もが不安を抱えているはずだ。充分な実績をあげている選手であっても、いや、あげているからこそ、不安も大きいのだと思う。

シーズンが始まっても、不安は拭《ぬぐ》えない。いまの私は、ファンの人から見れば、自信に満ちあふれているように映るかもしれない。たしかにマウンドの上では覚悟を決め、自分を信じてキャッチャーミットに最高のボールを投げ込むことしか考えていない。マウンドに上がれば、もはや逃げ道はないからだ。

でも、ブルペンで登板を待っているあいだは不安でたまらない。できることなら逃げ出したいと思うこともしばしばだ。

だが——、前述したが、不安は決して悪いものではない。

不安があまりに昂じてしまうと、不安が不安を呼び、自信を失ってしまうというマイナス思考のスパイラルにはまってしまう恐れがあるが「不安が現実のものにならないために何をすればいいか」を考えられれば、それは大きなモチベーションになる。

ジャイアンツでの最初のキャンプで先輩の方々のピッチングを見て不安を覚えた時も、私はこう思ったものだ。

「プロとしてやっていくためには、もっともっと練習をしよう」

不安を現実にしたくないと思えば、じっとはしていられない。行動を起こさないわけにはいかない。だから私は練習をするのだ。「やめろ」と言われるまで、徹底的にやらざるをえないのだ。

どんなことがあっても私が準備を怠らないのは、「後悔をしたくない」という気持ちと、もうひとつ「準備をしないと不安だから」という理由も無視できない。

プロは結果がすべて。責任は自分で取るしかない

結局、出した結果の責任は自分が取るしかない。

たとえば、誰かに誘われて夜遅くまでお酒を呑んだせいで準備ができず、翌日打たれたとしよう。誘った人は「すまない」と思い、謝ってくれるかもしれない。なぐさめてくれるかもしれない。

でも、打たれた責任を負うことはできない。負わせることもできない。するべき準備を怠ったせいで、不本意な結果が出たとしても、その責任は自分が負うしかないのだ。

プロに入ったころだった。シアトル・マリナーズで活躍したあと、日本に帰ってきた佐々木主浩《ささきかづひろ》さんと話をさせてもらったことがあった。その時、佐々木さんが言った言葉が強烈に印象に残った。

「周囲がよいことを言おうと、悪いことを言おうと、関係ない。結局は自分しかない。

最後の決断は自分で下すし、自ら行動する。その代わり、やったことに対しては自分が責任を持たなければならない」

佐々木さんはそう言った。それは以前から私も思っていたことなので、日米であれだけの成績を残した佐々木さんが同じように考えていたことが分かって、あらためて肝《きも》に銘《めい》じたのを憶えている。

たとえ相手はよかれと思って薦めてくれたことであっても、それを実行してダメだった時、責任を取ってくれるかといえば、そんなことはない。責任を転嫁《てんか》したって、結局は自分に返ってくる。ならば、自分で納得がいくだけの準備をし、どんな結果であれ、受け入れるだけの覚悟を決めるしかないではないか。

何より私は、野球をすることで報酬を得ているプロフェッショナルだ。野球を職業にしたということは、すべて結果で評価されるということである。そうである以上、野球を第一に考え、二十四時間、三百六十五日、プロとしての矜持《きょうじ》をしっかり保ち、最善の結果を出せるよう、ベストを尽くすのは当然だろう。アマチュア時代と同じことをしていていいわけがない。やるべきことをきちんとやらなければならない。それはビジネスパーソンだって変わりはないと思う。

事実、メジャーでも一流選手ほどよく練習する。よく言われるように、メジャーのチームは全体練習の時間は短い。スプリング・キャンプでいえば、日本のチームは朝から夕方まで練習しているが、メジャーでは午前中の二時間くらいで終わってしまう。が、そのぶん、個人でやる。キャンプでは朝四時、五時ごろからグラウンドに出る選手がいるし、ウェイト・トレーニングをガンガンやってから全体練習に顔を出す選手もめずらしくない。ベテランになればなるほど、その傾向が強くなる。

結局、自信というものは、自分自身でつくるしかない。そして、それは日々の入念な準備から生まれるものだと思う。

「あれだけきちんとトレーニングして、準備したのだから、自分が打たれるわけがない」

そう自分に言い聞かせ、「それでも打たれたら向こうが上。仕方がない。また準備をすればいいだけの話だ」と覚悟を決める――。その気持ちが、結果としてプレッシャーを克服できている最大の理由だと私は思っている。

第2章 失敗を「準備」に活かす

毎日の小さな目標を積み重ねる

前章では、不安があるからこそ準備をしようという気持ちが奮い立つことを述べた。本章では、失敗を教訓にしていかに次につなげていけばよいか、自身の体験をもとに述べたい。

二〇一三年のシーズン。私の所属するボストン・レッドソックスは戦前の予想を覆《くつがえ》し、六年ぶり八回目のワールドシリーズ優勝を飾った。私は最初はセットアッパー、すなわち中継ぎとして、そしてシーズン半ばからはクローザーとして、貢献することができた。

どうしてそれが可能になったのか、その理由のひとつとして、私はこう考えている。

「世界一を目標に置いていなかったから」

ボストンは、前年はア・リーグ東地区で最下位だった。私自身、二〇一三年度からボストンにやってきて、正直、ワールドシリーズに出るなどということはまったく考えていなかったし、想像していなかった。

少なくとも私自身は目の前の一戦一戦、一球一球に全力を尽くすことだけに集中していた。投げる試合をとにかくゼロに抑えることしか頭にはなかった。明日のことすら考えていなかった。それがよい結果につながったのではないかと思うのだ。

そもそもシーズンが始まる前にいつも私が目標に置いているのは、「一年間ケガをしない」ということだけだ。ワールドシリーズに出場するどころか、成績のことすらいっさい考えていない。

昔から私は、いきなり高い目標を立てるタイプではなかった。

たしかに、小学校の卒業文集には「将来はプロ野球選手になりたい」と書いた記憶はある。

しかし、それはたんなる夢、憧れに過ぎなかった。私にとって「夢」とは、「とうてい実現不可能な非現実的なもの」でしかない。たとえば「スパイダーマンになって、高層ビルのてっぺんからぶら下がってみたい」といった次元のものに過ぎない。「プロ野球選手になる」というのは、当時の私にはその程度のもので、「目標」ではなかった。

あえて言うなら、「こうなれたらいいな」と願うのが「夢」。対して「目標」とは「こうするんだ」と決意すること、という違いだろうか。

「目標は高いほどいい」

よくそう言われる。

でも、たとえば高い山に登ろうとする時、いきなり頂上を見たら、「あれを登らなければいけないのか」と嫌気がさしてしまう。むしろ、頂上など仰がずに、足元を見ながら一歩一歩着実に登っていくほうが、結果的に頂上に立つことができるのではないか。

山登りは、一息に頂上まで登ることはできない。一段一段登っていかなければ、山頂にはたどり着けないのだ。

それと同じで、あまりにも高い、非現実的な目標を立てると、達成できない可能性が高くなる。そうなった時のダメージというか、がっかり感というのは、私の場合、決して小さくない。もう一度チャレンジするには、その倍以上の力が必要になる。

そうであるならば、たとえ小さくても、たとえ低くてもいいから、ちょっとだけがんばれば実現できる目標を立て、それをクリアすることで達成感や充実感を味わったほうがいい。それが次の目標に向かうモチベーションにもなっていく。

そういう目標をひとつひとつコツコツとクリアしていって達成感や充実感を得ることで人間としても成長していけるのではないかと思うし、ひとつひとつクリアしていった先に、でっかい目標を達成することができると思っている。

最初から現実味のない目標を立てても、砂をつかむようなもので、そうそう努力を続けることはできないのではないか。二〇一三年のシーズンも、最初から六カ月も先の世界一を目標に立てていたら、そこにはたどり着かなかったと思うのだ。

達成した時の喜びと充実感を味わいたいので、私は毎日、目標をいくつも立てる。朝起きれば「今日一日、悔いのないように過ごす」「ケガをしないように」というように、その都度目標を立てる。そしてマウンドに立てば、ヒットを打たれてランナーを出してもいいから、とにかくスコアボードに「0」を刻むことを目標に置いている。それらをクリアし、一日の終わりに満足感を味わうのは、なかなかいいものだ。

何事も、一足飛びにはできない。いきなり一〇段上の目標を掲げてがんばるよりも、一段の目標を一〇個重ねたほうががんばれる。こうした小さな目標の積み重ねが、最後に世界一という大きな目標達成につながったのだと私は思う。

「正しい準備」と「間違った準備」

もうひとつ、日頃から私が心がけているのは、失敗から学ぶことだ。準備をするといっても「正しい準備」と「間違った準備」がある。同じ行動をしても「間違った準備」をしてしまえば、遠回りになり、最悪、選手生命を潰しかねない。

二〇一三年でアメリカに来てちょうど五シーズンが経過した。その間、多少の波はあったものの、成績はだいたい右肩上がりで来た。これには、失敗を無駄にすることなく、活かしてきたということも大きかったと思っている。

アメリカに来て一年目の六月、私は右ひじを痛め、残りのシーズンを棒に振った。二年目もやはり五月に右ひじ痛が再発し、戦列を離れざるをえなかった。その原因のひとつに、トレーニングのやり方に失敗したことがあった。

当たり前の話だが、メジャーの選手は身体がでかい。腕の太さなんて日本人の太ももほどある。体格だけでなく、パワーも日本人とはケタが違う。バッターのスイングスピードや破壊力は日本人選手の比ではなかった。

そうした現実を目《ま》の当たりにしてあらためて衝撃を受けた私は考えた。

「彼らに対抗するには、自分も身体を大きくして、パワーをつけなければならない」

そうしてウェイト・トレーニングに力を入れた。食事の量も増やした。結果として体重は二～三キロ増えて九〇キロになったが、それが間違いのもとだった。

むろん、ウェイト・トレーニングをすること自体は悪くない。昔は重いものを持ち上げるなどということはピッチャーにはよくないと言われていたけれど、いまは推奨されているし、私も毎日行っている。

だから、ウェイトに力を入れるのは間違っていないのだが、前に述べたように、私は放っておかれると、いつまでも練習するタイプなのだ。止めてくれる人がいないと、ついやり過ぎてしまう。

二十代のころならそれでもよかったのかもしれないが、ある程度の年齢を重ねると、過度のトレーニングはむしろ悪影響を与える。やらないのは問題外だが、やり過ぎてもいけない。

だいたい、それほどボールにスピードがなく、球質も重くない自分が、どうして日本で通用したのか――。

言うまでもない、ボールのキレとコントロールで勝負していたからだ。それが私の持ち味であり、長所なのである。とすれば、たとえメジャーリーガーが相手であっても、それで勝負すべきだったのだ。

二〇一一年に開催されたサッカー女子ワールドカップにおける「なでしこジャパン」の戦いぶりを見て、つくづく思った。彼女たちは、体格ではアメリカやドイツといった諸外国に圧倒的に負けていた。でも、スピードとパスワークを武器に互角以上に渡り合い、見事初優勝を成し遂げた。

そう、日本人が世界と戦うためには、日本人の強みを活かすべきなのである。ということは、私が磨《みが》くべきは球のキレとコントロールだったのだ。

そもそも、いくら身体を大きくし、パワーをつけたとしても、パワーではメジャーリーガーに勝てるわけがない。にもかかわらず私は、メジャーリーガーと戦うにはパワーをつけることが必要だと思い込んでしまった。勘違いしてしまった。その結果、身体のキレが悪くなり、ボールのキレとコントロールという自分の最大の武器を失ってしまっただけでなく、バランスを崩し、故障の一因にもなったのだと思う。

失敗を活かし、トレーニング法を変える

トレーニングのやり方に失敗したことに気づいて反省した私は、いまは専属のトレーナーの指導のもとで、コンディションや年齢、目的に適《かな》ったトレーニングを行うようになった。おかげで、ケガはずいぶん減った。

ジャイアンツ時代からハムストリングなどにいわば〝爆弾〟を抱えてきているのに加え、私は四十歳を目前にしている。だから、日頃の入念なトレーニングとケアは欠かすことができない。

興味がある人もいるかもしれないので、ここでトレーニング法についても述べておこう。

トレーニングとケアのメニューづくりや管理に関しては、いまは前述した専属トレーナーの内窪信一郎氏に全面的に任せている。内窪氏は宮崎県の延岡《のべおか》学園高校野球部の出身で、以前はオリックス・バファローズのトレーナーを務めていた。私のパーソナルトレーナーになったのは渡米二年目からで、以来、チームが変わっても、ずっと面倒を見てくれている。

トレーニングの内容については、とりたてて特別なことはしていないと思う。ふつうのアスリートがやっていることを、丁寧にやっているという感じだろうか。

ただ、内窪氏は高校時代、ケガに泣かされて満足にプレーできなかったことから鍼《しん》灸《きゅう》師になったという経歴の持ち主なので、メディカルの知識も豊富に持っている。だから、いまの私の技術を維持するために、ケガを予防するために、そして毎日投げられる状態をつくるために、どういうトレーニングやケアが必要かということはもちろんだが、治療という観点からトレーニング法を立案してくれる。

私の場合は左のハムストリングや右ひじを故障したわけだが、内窪氏は「どうしてそこを傷《いた》めたのか」を考えるところから始めたという。もともとそこが弱いのか、それとも身体のバランスを崩した結果、悪くなったのか、故障した理由によってトレーニング法は変わってくるからだ。

ハムストリングに関していえば、そこに負担がかかり過ぎたことが故障の原因だった。では、なぜ負担がかかるかといえば、股関節《こかんせつ》がスムーズに動いていなかったことが考えられる。そこで、ストレッチや治療によって股関節をうまく使えるようにする、といった具合だ。

もうひとつの内窪氏の大きな〝仕事〟は、私のストップ役だ。私は放っておかれると練習をし過ぎてしまう。初めて内窪氏に練習を見てもらったのは、アメリカで一シーズン過ごしたあと日本で自主トレを行っていた時だったが、その時の私は、彼に言わせれば「限界を超えて練習していた」そうだ。一〇〇メートルのダッシュを往復二〇本とか、二〇〇メートルダッシュを三〇本とか、平気でやっていた。

だが、「しっかり」やるのと「過ぎ」は違うのだ。「しっかり」はやるべきことを一〇〇パーセントやることであるのに対して、「過ぎ」は一二〇パーセントしてしまうことだといえる。いってみれば、当時の私は、コップがもういっぱいなのに、さらに水を入れてしまい、あふれさせている状態だったのだ。

そうなると、古傷に負担がかかるばかりでなく、ケアをしてもリカバリーしないうちに練習を始めてしまい、さらに悪くしてしまう。そういう悪循環に私ははまっていたのだ。

いまはやり過ぎると内窪氏が止めてくれる。昔の練習量に較べると、いまは三分の二くらいだと思うが、やはり初めは「これで本当にいいのか?」と心配だった。自分の感覚では、ものすごく少なくなった感じがした。いまでも不安を感じることがある。でも、彼の言う通りにした結果、大きな故障はしていないし、成績もよくなっているので、全面的に信頼している、というわけだ。

メジャーのマウンドの硬さに応じてフォームを改造

もちろん、故障をしない身体づくりに関しては、私自身でもいろいろ考え、創意工夫した。いちばん大きなことは、フォームを変えたことだろう。

日本では軸足の膝から下にマウンドの土がつくくらい下半身で踏み込んで投げることがよいフォームとされる。たとえば右投手であれば、右脚に土がつく。重心を低くして身体の粘《ねば》りで投げるイメージだ。当然、低重心なだけに左脚の踏ん張りも求められる。

実際、私もそう意識して投げていたのだが、よく指摘されるように、アメリカのマウンドは日本のそれよりはるかに硬い。まるでコンクリートの上で投げているような感覚だ。一度スパイクが刺さったらそこから動かせない。日本は球場によってマウンドが違うが、アメリカはどこも一緒だ。なので、そういうフォームだと脚に負担がかかる。ハムストリングを故障したのは、左脚を踏ん張り過ぎたことも大きな原因だった。

そこで、メジャーのさまざまなピッチャーの投げ方を参考にして、左脚に乗った勢いを前に逃がしながら投げるフォームに変えるようにした。そうしたことによって、太ももの負担が軽減され、それまで悩まされていた故障をすることがなくなっただけでなく、ピッチングも安定するようになった。

中継ぎを務めたメジャー移籍三年目に、防御率二・三五、救援投手リーグトップのWHIP（投球回数あたりの被安打数＋与四球数）〇・七二という数字を残すことができたのは、こうしたことと無縁ではないと思う。

この年はシーズン途中で最初に入団したボルチモア・オリオールズからテキサス・レンジャーズに移籍することになったのだが、トレードが決まる七月までは、四三試合に投げ、防御率一・七二。WHIPは〇・七〇を記録するとともに、前年から続けていた連続無四球試合記録は三六まで伸びた。

人は成功ではなく、失敗から学ぶ

「失敗を思い出しても落ち込むだけだから、早く忘れろ」

「いいイメージを残せ」

プラス思考というのだろうか、最近はそういう指導が多くなっているようだ。成功体験のほうがより重視されるようになっている。

「成功を経験することで、達成感や充実感、自信が得られ、それがさらなる目標達成への意欲を生む」

そういうわけだ。

もちろん、私もそれは否定しない。「ひとつひとつ小さな目標をクリアしていくことの達成感と充実感が人を成長させる」と前に述べた通りだ。とくに、成功することで得られる自信は、何物にも代え難い。

でも、それは失敗を無視していいということではない。

私は思っている。

「人は、成功からは学ばない」

成功すれば、気分はいい。だから、それに酔ってしまって、何がよかったのか、どうしてうまくいったのかを考えることはまずない。成功体験にとらわれるあまり、新しいことにチャレンジするのを怖がり、変化すべき時にも対応が遅れがちになる。

でも、失敗した時は、考えざるをえない。私自身、成功した時より、失敗した時のほうをよく憶えている。抑えた時より、打たれた時のほうが記憶は鮮明だ。

「どうして失敗したのだろうか。何がいけなかったのだろうか……」

そうして失敗した原因を突き止め、「ならばどうすればいいのか」と解決策、打開策を考え、試行錯誤を繰り返す。同じことをしていては結果も同じだから、よくなる可能性があれば変わることを厭《いと》わないし、新しいことにチャレンジすることも恐れない。

その過程で、人は進歩し、進化し、成長していくのだと私は思う。そうしなければ、また同じ失敗を繰り返すに違いない。失敗は、「経験」というかけがえのない財産をくれるのだ。

それに、失敗はうぬぼれや過信を諌《いさ》め、謙虚さというものを教えてくれる。

成功に酔い、自分を過信し、うぬぼれた時点で、進歩も成長も止まる。だが、失敗し、「自分の力はまだまだたいしたことはないんだ」と気づくことができれば、「もっと努力しなければいけない」とおのずと考える。もっと高みを目指すようになる。失敗は意欲も引き出してくれるのだ。

テキサスでの失敗

バッターを抑えてベンチに帰ってきた時などに、私はチームメイトたちとハイファイブ（ハイタッチ）を交わす。その熱さと激しさが日本では話題になったようだが、ハイファイブ自体はじつはボルチモア時代からやっていた。たまたま二〇一三年はボストンで注目を浴びたから、クローズアップされるようになったのだと思う。

ただ、自分から積極的にチームの輪のなかに入っていこうという意志が、ボストンに移籍してからより強くなったのは事実だ。そして、これも失敗から学んだ結果だった。

先ほど述べたように、アメリカに来て三年目の二〇一一年、私はシーズン途中の七月三十日、ボルチモアからテキサスへ突然トレードされた。

その日はニューヨークでヤンキースとのダブルヘッダーだった。一試合目が終わり、二試合目のプレーボールまで時間があったので昼寝をしていた。三十分ほど気持ちよく寝て目を覚ますと、チームメイトが握手やハグをしにやってくる。

「……？」

最初はわけが分からなかった。しばらくして気がついた。

「もしかして、トレード？」

たしかに噂《うわさ》はあった。でも、私はその年、セットアッパーを務めていて、とても好調だった。チームからも何も言われていなかった。だから、「なんでみんなが知ってんねん」とびっくりしたのだが、二試合目の準備を始めようとした午後七時、マネージャーの部屋に呼ばれ、電話でGMから正式にトレードを伝えられた。

頭のなかが真っ白になった。日本にいた時の感覚からして、正直、トレードにあまりいいイメージを持っていなかった。だから、実際に自分がその立場に立たされて、どうしていいか分からなかった。

ボルチモアでの二年半。スタッフや関係者は、チームに初めてやってきた日本人をとても温かく迎えてくれた。迷惑をかけても、いつも笑顔で対応してくれた。チームメイトも快く迎えてくれた。

けれども、最初の二年間は彼らの期待に応えられたとはいえなかった。それだけに、アメリカの生活に慣れ、開幕から順調なスタートを切った今季こそ、迷惑をかけたチームに貢献したいという気持ちがすごく強かった。記者会見で見せた涙は、それが理由だった。素晴らしい仲間との思い出の数々が甦《よみがえ》ってきたのだ。

とはいえ、望まれてのトレードであるのも事実だった。前年、ワールドシリーズ制覇を逃していたテキサスにとって、中継ぎの強化は必須だった。そこで私に白羽の矢を立てたというわけだ。

ところが、移籍して最初の一カ月は結果が出なかった。それまでできていたピッチングがまったくできなかった。スピードガンではストレートが同じ八九マイル（約一四三キロ）を計測しても、明らかにキレが落ちていたし、スプリット（フォークボール）を投げても、それまでは空振りにとれていたのがファウルで逃げられるようになった。

「こんなボール、おれのボールじゃない」

投げていて、そう感じたほどだった。

〝転校生〟だったテキサス時代

その原因は――開幕から飛ばしてきた疲れが出たことも影響していないことはなかったが――精神的な部分が大きかった。

ひと言で言えば、私は〝転校生〟だったのだ。

ボルチモアで二年間プレーして、ボルチモアの環境や練習方法に慣れるにつれ、ようやくチームメイトとコミュニケーションを築くことができ、一緒に食事などにも行けるようになった。ところが、突然のトレードでまた一から人間関係をつくり直さなければいけなくなった。

同じ日本人同士ならともかく、私はまったくと言っていいほど英語を話すことができない。言葉が通じない環境のなかで、しかもシーズンの半ばから新たな人間関係を築くのは、決して楽な作業ではなかった。

加えて家族はボルチモアに残してきたから、なかなか会えなかったし、練習方法も内容もテキサスのそれはボルチモアとは違っていた。ボルチモアは基本的に個人に調整が任されていたが、テキサスではたとえば走る時は全員が一緒に走る。自分のやりたい調整法ができず、私がもっとも大切にしている一日のリズムが狂ってしまったのだ。

〝転校生〟が周囲から受け入れてもらうためには、自分から心を開いて仲間の輪のなかに入っていくことが大切だ。自分から積極的にコミュニケーションを取ろうとしなければ、周りの人たちはなかなか心を開いてくれない。

でも、当時の私はそれができなかった。英語ができないだけでなく、チームから求められている結果が出ていなかったから、気後《おく》れしていた部分もあったと思う。チームに貢献できていないという負い目が、足をすくませてしまっていたのだ。自分から声をかけられず、ベンチの隅っこに座っていることが多かった。

結果が出なかったのは、たんに実力が足りなかったということだけれど、そういうメンタルの部分がまったく影響していなかったかといえば、やはり多少は影響していたと思う。ボルチモアには二年半いたからキャッチャーも私の特徴をだいぶ分かってくれていたけれど、テキサスでそこまでの信頼関係を築くには時間が足りなかった。

持てる力をすべて発揮するためには、「心・技・体」が揃《そろ》っていることが大切だ。体調がよければ自分でもボールが走っていると感じるし、結果が出ている時、つまりメンタルが充実していれば、技術も自然とついてくる。

ましてメジャーは、少しでも不安があったり、調子が落ちたりすれば通用しなくなる世界。心・技・体のひとつでも狂えば、打たれてしまう。あの時の私は、そのうちの「心」が乱れていた。それが技術にも影響してしまったのだ。

その年、ア・リーグ西地区を制したテキサスは、ディビジョン・シリーズでタンパベイ・レイズと、リーグ・チャンピオンシップではデトロイト・タイガースと対戦したのだが、私は三試合連続でホームランを打たれる屈辱を味わった。これも、心が乱れていたことが技術にも影響した結果だったと、いまにして思う。

通訳とはなるべく一緒にいないようにする

テキサスで迎えた二年目、スプリング・キャンプからチームメイトとのコミュニケーションを深めることに努めたのは、その反省からだった。

そのシーズン、一時故障者リスト（DL）入りしたものの三七試合に登板、DLから復帰後は最終戦まで一四試合連続無失点を記録するなど防御率一・七五という成績をあげられたのも、〝転校生〟からふつうのクラスメイトになれたことが奏功したと思う。

だから、移籍したボストンでも、最初から積極的に輪のなかに入っていこうとした。

ボストンは前年地区最下位に沈んでいたこともあって、チーム全体が暗い印象を受けたし、私は主砲のデビッド・オルティーズとともにチーム最年長だったこともあって、自分をネタにしながらバカを言ったりして、盛り上げようとした。

幸い、メジャー生活も四年が過ぎ、周囲も私のことをそれなりに知ってくれていたし、私も相手を知っているケースが増えた。だから、転校生といえども、こちらから気軽に声をかけやすい環境があった。

ただし――。

私はいまでも英語はほとんど話せない。リーグ・チャンピオンシップでMVPを受賞した際、私と一緒にインタビューを受けた、当時小学校二年生の息子・一真が、「ドキドキしたか?」と訊かれ、物怖じすることなく「EXCITED!」と答えて話題になった。彼は二歳の時にアメリカに来たので、日本語より英語のほうが得意だ。

でも、私のほうはほとんど進歩していない。覚える気もないから勉強もしていない。アメリカにやってきた目的は野球をすることだから、それを第一に考えているし、ずっとアメリカで生活する気もないからだ。

だからコミュニケーションの手段は単語とジェスチャー、あとはスラングだけだが、それでもコミュニケーションは取れる。単語を並べるだけでも、相手は心を開いて耳を傾けようとしてくれる。だから、流暢《りゅうちょう》に話せるにこしたことはないだろうが、必要不可欠というわけではないと思う。

それよりも私が気をつけているのは、通訳とはなるべく一緒にいないようにすることだ。というのは、通訳といると、アメリカ人は寄ってこないからだ。もちろん、チームメイトたちが話している内容はほとんど分からないけれど、分かったふりをして、できるだけ彼らと一緒にいるようにしている。

仲間を大切にしたいという雰囲気が高いパフォーマンスを生む

自戒を込めていえば、チームメイトの輪のなかに積極的に入っていこうとする姿勢は非常に大事だと思う。というのも、これは私も意外だったのだが、アメリカではチームの一体感が非常に大切にされるからだ。

アメリカ人は個人主義というイメージが強く、チームの一体感とか結束力は日本のほうが勝《まさ》っているとよくいわれる。私もそう信じていたのだが、じつはアメリカのほうが強いのではないかといまは思っている。

メジャーでは常にチーム全員が一緒に行動する。ジャイアンツでローテーションに入っていた時は、先発する日以外に私がベンチに入ることはなかった。移動も先発陣は別行動ということが少なくなかった。

対してアメリカでは、たとえ翌日に先発する予定であってもベンチに入るのは当然。

しかも、延長戦にならないかぎり、必ずゲームセットまで一緒にチームを応援することが求められる。チームとして動くことを、みんなが当たり前のこととして受け止めていた。

前述したように、二〇一一年のポストシーズンで私は三試合連続被弾して、ワールドシリーズのロースター（選手登録）から外された。当然、登板することはありえなかった。それでもチームと帯同することを要求された。

こうした習慣は、私にとっては最初は驚きであったけれど、とても楽しいことでもあった。

ロッカールームひとつとっても、アメリカのそれは日本に較べるとにかく広い。けれども、そこに仕切りはない。だから、みんなの様子がよく見える。これも、誰ひとりとして孤立させることなく、チームの団結力を深めるためなのではないかと思う。

多民族国家のアメリカで、文化も習慣も宗教も違う人間がひとつにまとまるためにはそうしなければならないという理由もあったのかもしれないが、毎日ベンチに入り、遠征や移動もみんなと一緒というのはコミュニケーションを深めるという意味でも非常にいいことだと思ったし、何よりみんなで戦っているという一体感が感じられて、うれしかった。

私もそれに貢献しようと、ボストンでは率先してチームを鼓舞しようとした。前年は最下位だったこともあって、チームは最初は正直、バラバラだった。でも、勝っていくなかで次第に一致団結していった。仲間意識がとても強くなっていった。

中継ぎ陣が集まって食事会を何回かしたし、チャリティ・イベントにも積極的に出た。チームリーダーといえるオルティーズは、オフの日には自宅に選手だけでなくその家族や裏方の人たちも全員招待し、ホームパーティを開いてくれた。ポストシーズンだけで四回あった。もちろん、私も参加した。

「郷に入っては郷に従え」ということわざがあるように、その環境に適応できるかどうかは、アメリカにかぎらず、その場所で結果を出すための条件として絶対に必要不可欠だ。

それまでとは違う環境に身を置いた時、拒絶反応を起こしてしまっては、持てる力を発揮できないばかりか、進歩や成長も止まってしまう。適応するということは、決して自分を曲げることではなく、自分の間口を広げることなのだ。

そのためにもっとも大切なのはコミュニケーションだろう。

チーム全員がいいコミュニケートをしながら毎日を送れるということは、パフォーマンスにすごくいい影響を与えると思う。仕事を楽しむためには、まずは仕事を好きにならなければいけない。好きになるためには、所属する組織やグループのなかに「この仲間を大切にしたい」という雰囲気が生まれるかどうかが非常に大きいのではないか。

そういう雰囲気が生じれば、各自にやる気が出てチーム全体がポジティブになれるだろうし、そういう環境に身を置くからこそ、自分の役割をまっとうできる――。私はとくにボストンに来てそう思った。そういう雰囲気がボストンにはあふれていたから、自然に野球に集中することができたのだ。

ニュー・デイ――必要以上に失敗を引きずらない

失敗から学ぶ姿勢は成長するために絶対に必要だ。とはいえ、失敗を引きずってはいけない。悪いイメージを払拭できず、それを引きずっていたら、次にマウンドに上がるのが怖くなってしまうし、上がってもいい結果は出ない。

前にも言ったように、どんなに悔やんでも、過去は戻ってこない。とすれば、きちんと反省し、失敗を自分のなかで消化したら、気持ちを切り替え、前を向くべきだ。

とはいっても、失敗の悪夢を振り切り、気持ちを切り替えるのは、口で言うほど簡単なことではないというのも事実だろう。

幸か不幸か、いまの私は毎日のようにマウンドに上がらなければならない。打たれたとしても、その十数時間後には次の試合が待っている。だから、いちいち失敗を引きずっていては仕事にならないし、そもそも引きずっている時間もない。それに、日頃から「打たれたら、仕方がない。向こうのほうが力が上だったんだ。次にがんばればいい」と、ある程度割り切って考えている。

けれども、たとえそうであっても、やはり人間だから現実に打たれればショックはある。とくに大事な場面で打たれ、逆転負けを喫した時は、かなりこたえる。球場から家に帰る車中で、運転しながら落ち込んだり、叫んだりすることもある。

しかし、それは夜の十二時までだ。日付が変わったら、昨日のことはすべて忘れて、今日のことに集中する。そして、犯した失敗は酒のつまみ、つまり酒の席での笑い話にすればいい。それが私のやり方だ。

何度も言うが、過ぎたことはもはや変えることはできないし、やり直すこともできない。必要以上にあれこれ考えても、時間の無駄でしかない。それなら、明日のことを考えたほうが建設的だし、精神衛生的にもいい。

メジャーのブルペンでは、こういう言葉がよく交わされる。

「New Day, New Day.」

ニュー・デイ——意訳すれば、こういう意味だろうか。

「また、がんばればいいじゃないか」

打たれた翌日、ボストンの仲間はいつもそう言って、明るく私を励《はげ》ましてくれた。

「さあ、新しい日が来たぞ。気持ちを切り替えてがんばろう!」

その言葉が私には大きな力になったし、私自身もずっとそういう気持ちで毎日を過ごしている。

第3章

気持ちを投じる

二種類のボールで抑えられる理由

私は基本的にフォーシームのストレートと、メジャーではスプリットと呼ばれるフォークボールのふたつしか球種を持っていない。シーズンオフには、課題を持って新しい球種の練習をしている。その球種を投げられないことはないのだが、完全にマスターしていなければ、実際には試合で使うことはできない。

しかも、ストレートは八九マイル、日本流にいえば約一四三キロ程度のスピードしかない。メジャーリーグでクローザーを務めているピッチャーはたいがい、九三マイル、約一五〇キロを超えるボールを投げる。

その意味では、私は異色だし、どうしてそれでメジャーの強打者たちを抑えられるのか、疑問に感じている人も多いようだ。

「八九マイルの不思議」

自分でも、そう言っている（「八九」という数字は、「やきゅう」とも読める）。

基本的に私は、さまざまな変化球を投げることは大切だと思う。ただ、自分のものになっていない球種は使えない。まず自分の得意とするボールを磨くことを第一に考えている。これには、ジャイアンツ時代に工藤公康《くどうきみやす》さんがくれたアドバイスが大きい。

「球種を増やそうと思っているんです」と相談を持ちかけた私に、工藤さんはこう言った。

「いま持っているボールの精度をもっと上げるほうがいいよ」

その通りなのだ。持っている球種を磨くことのほうが、むしろピッチングの幅を広げることになるのである。

たとえストレートしか持ち球がなくても、それをきっちりコースに投げ分けることができれば、それだけで攻め方の幅は大きく広がる。言うなれば、「コントロールもひとつの球種」なのだ。

私がコントロール、メジャーでいうところのロケーションを身につけたのは、中学校の時に陸上部で跳躍系の種目をやったおかげで（私の通った中学校には野球部がなかった！）下半身が強化され、バネがついたこと、そして高校時代にバッティング・ピッチャーを務めていたことが大きいと思っている。毎日何百球も投げていたから、自然と肩やひじが鍛《きた》えられたうえ、負担をかけない無理のないフォームが身についた。自然とバランスのよい投げ方ができるようになり、コントロールもよくなったのだ。

それとキャッチボールを大切にしていること。少年野球などを見ていても、最近はキャッチボールをないがしろにし過ぎではないか。とくに遠投は大切で、遠くに投げようとすれば自然と全身を使う。これもバランスのよい投げ方を身につけるのに有効だ。いまでも私は毎日のキャッチボールを大事にしている。

キャッチボールは野球の基本である。基本練習というものは地味で単調だから、退屈に感じられる。そのせいもあって、とかく見過ごされがちだが、樹は地中にしっかりと根を張っているからこそ、幹が安定し、枝葉も伸びる。それと同じで、何事も土台がしっかりしていてこそ、可能性も広がっていくのだ。基本練習はその土台をつくるものにほかならない。だから、決しておろそかにすべきではないと私は思うのだ。

話を球種に戻せば、フォークボールにしても、私のそれは、縦に鋭く落ちるもの、ストライクを取りにいくもの、左バッターの外角に落ちながら逃げていくもの、というふうに複数のバリエーションがある。

ふつう、フォークの握りはボールの縫い目に指をかけないのだが、メジャーのボールは滑りやすいので、私の場合は人差し指の指先をかけるようにしている。そして親指は添えるだけ。この人差し指、中指、親指の三点をきっちりさせておいて、まっすぐ腕を振り下ろせばボールは縦に鋭く落ちる。

ストライクを取りにいく時は、握りを思い切り深くするというか、人差し指と中指のあいだにボールを深くはさんで、真ん中をめがけて投げる。すると、カーブのようにスピードが少し落ちるため、バッターはタイミングを外されるようだ。

そして、リリースする時に人差し指に力を入れ、ボールにわずかに回転を加えると、シンカーのように右に曲がりながら落ちていく。とくに左バッターには、バットに届かないように逃げていくため有効なのがこのフォークだ。

さらにもうひとつ、逆方向の右バッターに有効な変化球がほしいと思って、いまマスターしようとしているところである。

キレによって体感速度を上げる

八九マイルのストレートでバッターを抑えるためにもうひとつ重要だと私が考えているのは、「いかにバッターの体感速度を上げるか」ということだ。

スピードガンはファンサービス——、私はそう思っている。たしかにすごい数字が出れば、観客は喜ぶし、メディアも注目する。私だって、投げられるのなら、速いボールを投げたい。

しかし、一六〇キロのボールを投げるピッチャーが完全にバッターを抑えられるかといえば、そんなことはない。いくら速いボールを投げても、速いだけではバッターは対応する。言い換えれば、スピードガンの示す数字に、それほどの意味はないのだ。

それよりも大事なのがバッターの体感速度を上げること、すなわち、いかにバッターに速く感じさせるかということである。それができれば、実際には一四〇キロ前半のスピードしか出ていなくても、バッターは一五〇キロにも一六〇キロにも感じる。そのために重要になるのが、ボールの「キレ」なのだ。

「キレ」とは、私にいわせれば、ボールをリリースする瞬間の速度を示す「初速」と、ボールがバッターの目の前、ホームベースを通過する時の「終速」に差がないことをいう。そういうボールを「キレがある」というのだと私は認識している。いわゆる「伸びのあるボール」といってもいいだろう。

いくら初速が速くても、終速が大幅に遅くなっていれば、バッターはそれほど速く感じない。逆に初速と終速の差が小さければ小さいほど、初速はそれほど速くなくてもバッターは速く感じるものなのだ。そういうキレがあれば、ボールが高めに浮いてもバッターを空振りさせることができる。

では、どうやってキレを出すのか。

私はボールを放す時の人差し指と中指のひと押しを大切にしている。ボールをリリースする瞬間に、人差し指と中指でいかにしっかりとボールを押し出すことができるかということだ。

しっかり押し出すことができると、「プチッ！」という音がする。その音は、キャッチボールや遠投の相手にも聞こえるという。つまり、それだけ指にボールがしっかりかかっているということなのだろう。

すべてで六〇点を取るよりも、ひとつで一〇〇点を目指す

バッターの体感速度を上げるために、もうひとつ腐心していることがある。そして、それこそが私が八九マイルのストレートとフォークだけでメジャーの強打者と互角に渡り合える最大の理由だといっていい。

「ストレートとフォークをまったく同じフォームで投げること」

それが答えだ。

引退した松井秀喜《まついひでき》さんと対談した時、こう言われた。

「上原のフォークは、バッターからすると、ストレートに見える。腕の振りとボールの軌道が一緒だから、そう感じさせるのだと思う。だから振ってしまう。そういうフォークを投げるピッチャーは、対戦したなかではほとんどいなかった」

ストレートとフォークを同じ腕の角度、同じ軌道、同じスイングスピードで投げ分けることができれば、バッターは同じタイミングで対応することを強いられる。バッターは私のフォークがイメージにあるから、ストレートへの対応がどうしても遅れる。自然とストレートの体感速度は増すわけだ。

加えて、私の投げるストレートは、基本的な握りのフォーシームで、ツーシーム系のボールを小さく動かすのが主流のメジャーにあっては、私のキレのあるフォーシームがバッターにはなじみがないことも奏功しているかもしれない。

いずれにせよ、もっとも大切なのは、あれもこれも手を出すのではなく、まずは「自分の強みを磨く」ことなのだと思う。

器用貧乏という言葉があるけれど、すべてにおいて六〇点を取るよりも、「一芸は身を助く」というのか、ひとつかふたつでいいから九〇点、一〇〇点をマークするほうが、使う側からしても使いやすいはずだし、結果として自分を活かすことになるのではないか。

野球でいえば、脚の速さだけは誰にも負けない、守備には自信がある、鉄砲肩を持っている、というふうに、何か飛び抜けたものを持っている選手のほうが使う側も使いやすく、出番も増える。守備を買われて抜擢《ばってき》された宮本慎也《みやもとしんや》さんのように、一芸を足がかりに一流選手になっていった人も少なくない。私自身も、持ち味であるキレとコントロールに磨きをつけたからこそ、いまがあると思うのだ。

ただ、いつも狙ったところに投げられるわけではない。そうなると最後は、いかにボールに気持ちを乗せるかだ。気持ちに迷いが生じると、その迷いがボールに伝わってしまうと思っている。

フォークボールピッチャーには、ホームランはどうしてもつきまとう。もちろん自分ではよく理解している。ただし、自分でもその投球スタイルを変えようとは思わないし、それを変えてしまうと自分のよさもなくなってしまうだろう。

本当のチームプレーとは、全力で個人が戦うこと

古い話だが、憶えている人もいると思う。

ジャイアンツに入団した年のことだ。最多勝のタイトルを中日ドラゴンズの野口茂樹《のぐちしげき》さんと争っていた私は十月五日、二〇勝目をかけてヤクルトスワローズ戦に先発することになった。すでに中日の優勝が決まっていて、いわゆる消化試合だったけれど、この試合には私の最多勝とともに、松井秀喜さんとロベルト・ペタジーニのホームラン王争いもかかっていた。

それまで私はペタジーニに一本のヒットも許していなかった。しかし、ベンチの指示は「全打席敬遠」。言うまでもなく、松井さんにタイトルを獲《と》らせるためである。けれども、どうしても逃げるのが嫌だった私は、首脳陣に申し出た。

「勝負させてください」

それで第一、第二打席は勝負をさせてもらい、打ち取ったのだが、松井さんは三打席連続で敬遠された。そのため、七回裏のペタジーニの三打席目はベンチから強硬に「敬遠」を命じられた。

試合はジャイアンツが大量にリードしていた。たとえペタジーニにホームランを打たれたとしても大勢に影響はない。しかし、キャッチャーの村田善則《むらたよしのり》さんは早々に立ち上がった。もはや逆らうことはできなかった。

なかばやけくそで四球のボール球を全力で投じたあと、私はマウンドの土を蹴り上げた。そして、目には涙があふれた。

プロとしてあってはならないことだと分かってはいても、止めることはできなかった。

「チームの一員であるならば、自分の私利私欲を捨てて、チームのために自分ができる最善のことをする――。それが当然ではないか」

「いや、そんなことをして獲得したタイトルになんの意味があるのか。それで果たして当人は満足できるのだろうか。うしろめたい気がしないのだろうか。何よりプロとして、ファンにそんな姿を見せて恥ずかしくないのだろうか」

私の流した涙は、賛否両論を巻き起こした。

その是非はここでは措《お》くとして、ペタジーニを敬遠した時に涙を見せたのは、噂には聞いていたひどいタイトル争いの現実を初めて経験したばかりか、自分が加担せざるをえなくなったことが何よりショックであり、悔しくてたまらなかったからだ。

本当のチームプレーとは、タイトルを獲らせるために逃げるのではなく、全力で阻止しにいくことではないのか。ピッチャーはバッターを全力で抑えにいき、バッターはピッチャーを全力で打ち崩そうとする。それが本当のプロのタイトル争いではないのか――。私はそう信じたかったのだ。

それから三年後の二〇〇二年、私は一七勝をあげて最多勝を獲得した。その時、タイトルを確実にするために、あと二試合程度は投げる機会を与えてもらうこともできたのだが、私は断った。

「小賢《こざか》しい欺瞞《ぎまん》をするのは嫌だ。それでタイトルを獲れなくてもかまわない」

そう思ったのだ。

感情を出して、気持ちをリセットする

私の特徴のひとつに、マウンドで感情をあらわにするという点がよく指摘される。事実、私はマウンド上で喜怒哀楽をストレートに出す。

「ピッチャーは常に冷静でいなければいけない」

そう言われる。もちろん、私だって実際に投げる時は冷静になっている。感情を表すのは、なんらかの結果が出てからのことだ。抑えれば素直に喜びを爆発させるし、打たれれば悔しさをあらわにする。

私自身は、実際にバッターに対峙する時に冷静であれば、いくら感情を出してもかまわないと思っている。それは人間として自然なことだし、抑えて喜びを爆発させれば、自分自身だけでなく、チームも盛り上がる。

打たれた悔しさを隠して平静を装っても、それを引きずっては逆効果。それならば、いっそのこと悔しさや怒りをパーッと発散して、気持ちをリセットしたほうがいい。そうして冷静になって次に臨むわけだ。私はそうしている。

喜びも悔しさも怒りも、要は闘争心の表れだ。あふれ出る闘争心があるから、抑えればうれしいし、打たれれば悔しいのだ。

「絶対に気持ちで負けない」

いつもマウンドで心がけていることだ。

　そもそもマウンドでは逃げたくても逃げられない。「打たれたらどうしよう」などと考えて弱気になったら、絶対に打たれる。迷ったりしたら、その迷いは必ずボールに伝わる。ボールは正直なのだ。

　私のストレートは回転がいいぶん、当たれば飛ぶし、フォークは落ちなければ棒球となり、それだけホームランにされる確率は高くなる。これは宿命といっていい。だからこそ、怖がらずに向かっていく気持ち、大胆に攻めるだけの強い気持ちが必要だ。

　ペタジーニの敬遠を別にすれば、これまでマウンドで逃げたのは一度だけ、二〇一一年のリーグ・チャンピオンシップでミゲル・カブレラにフォアボールを与えた時だけだ。この時は前の打席でホームランを打たれていて、「化け物」だと思った。どこに投げても打たれる気がした。それでつい気持ちで負けてしまい、フォアボールを出してしまったのだった。けれども、マウンドで弱気になったのは、私のプロ野球人生十五年で、このほかには後にも先にもない。

　どんなにしびれる場面であっても、命まで取られるわけではない。そう覚悟を決めて、プレッシャーや弱気をちょっと抑えてヒーローになった自分を想像してみる。すると本当にそうなる。自分が投げたいボールに、一〇〇パーセントの気持ちを込めて投げれば、たとえど真ん中にいっても、意外と打たれないものなのだ。

第4章

我慢しながら、自ら行動する

引退もよぎった右ひじ痛

二〇〇九年四月八日、ニューヨーク・ヤンキースとのメジャーデビュー戦で勝ち投手になったあと、私は二度目の先発でも勝ち投手になることができた。続くボストン・レッドソックス戦、ヤンキース戦も、リリーフが打たれて勝ち星こそつかなかったけれど、先発としての責任はなんとか果たせたと思う。滑り出しは悪くなかった。

突如《とつじょ》暗雲が立ち込めたのは、六月二十三日のことだった。

フロリダ・マーリンズ戦に先発した私は、右ひじに違和感を覚え、途中降板した。とにかく腕に力が入らない。精密検査の結果は、私を落胆させるものだった。

「右ひじ腱《けん》部分断裂」

原因はやはり、オーバーユーズ。要するに投げ過ぎである。それと、滑りやすいメジャーの使用球も影響したと思う。ボールが滑るから、いわゆる抜け球にならないよう、指先に力を入れなければならない。そのため、日本で投げていた時以上の負担がひじにかかったのではないか。

医師の診断は「手術の必要はないが、全治二カ月」。ひじを休ませるため、その間はボールを持つことさえ許されず、シーズン中の復帰は不可能となった。わずか三カ月、一二試合、イニングにして六六回三分の二を投げただけで私のメジャー一年目は終わってしまった。

捲土重来《けんどちょうらい》を期した翌シーズン（二〇一〇年）も、スプリング・キャンプでもはや持病ともいえる左太もも痛に見舞われ、開幕には間に合わず。五月に復帰したものの、今度は右ひじ痛が再発し、またもDL入りを余儀《よぎ》なくされた。

焦《あせ》るから、回復しないうちに練習をやり過ぎてしまう。あるいは、本来ならば一、二、三とステップを踏んでリハビリするべきなのに、つい一から四に飛んでしまう。そういうことも故障を悪化させていたかもしれない。

チームに帯同できず、フロリダでリハビリする毎日。情けなかった。腹立たしかった。メジャーのマウンドに立つためにアメリカにやってきたのに、これではリハビリをしに来ているようなものだった。

「引退」――。

その二文字が頭をよぎった。

メジャーでは、「使えない」と判断されれば、待っているのは即クビだ。メジャーの枠は四〇人しかない。ケガをしている選手を抱えているくらいなら、たとえお金を払ってでも解雇してほかの選手を入れたほうがいい。ルーキーリーグまで含めれば、チームには何百人という選手がプレーしている。代わりの選手はいくらでもいるのがアメリカなのだ。そこが日本と大きく違うところだと言える。

事実、この年、ヒューストン・アストロズの松井稼頭央《まついかずお》とオークランド・アスレチックスの岩村明憲《いわむらあきのり》がともに成績不振で戦力外通告を受けることになった。

ましてやその時私は三十代半ば。ボルチモア投手陣のなかで上から数えたほうが早いうえ、三年目のこの年は契約最終年だった。

正直、焦りが募《つの》った。

ケガに泣いた巨人での二、三年目

振り返れば、ジャイアンツ時代も私はケガで泣かされた。

ルーキーイヤーの一九九九年。いきなり二〇勝（四敗）をあげて、投手タイトルを総なめにした私だが、二年目と三年目は満足のいく成績をあげられなかった。

二年目は日本シリーズに初出場し、勝ち投手になったものの、レギュラーシーズンは九勝（七敗）。三年目はなんとか二桁勝利はマークしたけれど、防御率は四点台に落ちてしまった。

その原因がケガだった。

最初は二年目の夏だった。七月二日の広島戦。ランナーとして二塁にいた私は、送りバントで三塁にダッシュしようとした。その瞬間だった。

「プチッ」

音が聞こえた。肉離れだと自分でも分かった。左太ももの裏、ハムストリングだった。

「これはひどい」

診察をした医師が顔をしかめるほどの重傷。おそらく無我夢中で投げた一年目の疲労が抜け切っていなかったのだろう。思い返せば開幕から違和感があった。だましだまし投げていたツケがまわったのだと思う。

「復帰するまでには時間がかかる」

医師は言った。ボールを投げる際、右脚に乗っていた重心をホームベース方向に移動させる時に左脚には負担がかかる。右腕を振り下ろす際にも、左脚は右脚がプレートを蹴ることで前に押し出された身体を受け止めなければならない。左脚の太ももを傷めると、その踏ん張りがきかなくなってしまう。

「今季はもうダメかな……」

私は落胆した。

七月、八月とチームは調子がよかったけれど、自分自身は寂しかった。この二カ月は試合を見ることもほとんどなかった。「やっぱりプロは一軍にいて試合に出てナンボの世界だな」と痛感した。

シーズン終盤になんとか復帰したのだが、ケガの影響は小さくなかった。一年目の私のボールは、スピードガンの表示はそれほど出ていなくても、思ったよりバッターの手元で伸びているという実感があった。バッターも戸惑っているのが分かった。

ところが、二年目はバッターの体感速度はおそらくスピードガンの表示通りだったのではないか。自分でも「球が伸びていない」と感じた。やはり左脚を傷めたことで、体重がきっちり乗り切らないまま投げていたからだと思う。

「ON対決」が話題となった福岡ダイエー（現ソフトバンク）ホークスとの日本シリーズでは、連敗したあとの第三戦に登板して勝利投手となり、六年ぶりの日本一に少しだけ貢献したけれど、素直に「うれしい」と口にするのははばかられた。

一年目と較べると、天国から地獄に転落したようだった。チームに迷惑をかけたという気持ちが強くて、長嶋茂雄《ながしましげお》監督を胴上げする輪に素直に入れない自分がいた。

オフにはメジャーリーガーのトレーニング法を知ろうと、アメリカに渡った。彼らは年に一六〇試合以上ほとんど休みなしで戦っていて、ローテーション投手は中四日で投げる。それでも故障をしないというのは、トレーニング法に秘密があるのではと考えたからだ。

アナハイム・エンゼルスのトレーニングコーチだったトム・ウィルソンのジムで、二週間ほどウェイトを中心にトレーニングをした。とにかくケガをしない身体をつくろうと、春のキャンプでも最初の十日間はずっとストレッチ中心のメニューをこなしていた。

しかし、四月に今度は右太ももの肉離れに見舞われ、この時はすぐに戦列に戻ったのだが、コンディションは万全からはほど遠く、調子はあがらなかった。そこに追い打ちをかけるかのように、シーズン後半には右ひざを傷めてしまった。この時はあまりの痛みに、一軍にいても迷惑をかけるだけだと思ったので、自らファーム行きを志願したほどだった。このように、三年目はケガのことしか思い出せないほどだった。

挫けそうになる心を支えた「19」

ジャイアンツの時も、ボルチモアの時も、私は一日も早い完治を信じてひたすらリハビリに励んだ。

ただ、ボルチモアで右ひじを傷めた時は、さすがの私も落ち込んだ。

「もう復帰は無理なのではないか……」

四六時中行動をともにしていたトレーナーの内窪氏によれば、「毎日がお通夜のようだった」そうだ。

そんな挫《くじ》けそうになる心を支えたのは、十九歳の時の経験だった。

ジャイアンツでも、ボルチモアでも、その後移籍したテキサスでも、私の背番号はいつも「19」だった。それはいま在籍しているボストンでも変わらない。

これには理由がある。

「十九歳の時の自分を忘れない」

高校を卒業した私は大学受験に失敗し、浪人を余儀なくされた。あの一年ほどつらかった時期は、私の人生にない。あの時のことを思い出せば、どんなことにも耐えられた。

だから、ケガに泣かされたジャイアンツでの二年間も、ボルチモアでの右ひじ痛の時も、こう思って我慢できたのだ。

「あの一年間に較べれば、こんなこと、どうってことない……」

浪人時代の一年間は、毎日予備校に通い、朝九時から夕方四時まで勉強に打ち込んだ。私はどうしても夜遅くまで勉強することができなかったので、予備校で集中的に取り組んだ。

あれほど集中して勉強したことは、後にも先にもない。すごく大変だったので、いまでも「尊敬する人は?」と訊かれると、「一所懸命勉強している浪人生」と答えているほどだ。

でも、それほどがんばったからといって、確実に翌年合格できる保証はない。そう、浪人中、もっともきつかったのは「先が見えない」ことだった。

「先が見えない」ということは、「大好きな野球がこのままできなくなるかもしれない」ということでもあった。それが、たまらなくつらかった。

浪人時代は身体を動かすのは予備校への自転車での往復と、気分転換とストレス発散を兼ねての週に三回ほどのジムでのウェイト・トレーニングくらい。ジム代を稼ぐため、引っ越しや警備員、工事現場、スーパーの店員などのアルバイトもしたけれど、野球をしたのは週に一度、近所のおっちゃんに混じっての草野球だけ。もちろん、軟式だった。

でもそれだけに、自分のなかで野球がどれほど大きなウェイトを占めているのか再確認した。「もっと野球をやりたい」という欲求も高まった。

私が浪人したのは、大学四年間で硬式野球を思い切りやり、同時に教員免許を取って卒業後は体育の教師になろうと考えたからだ。けれども、もしまた大学受験に失敗すれば、その希望はかなわなくなる。

「永遠に野球を奪われてしまうかもしれない」

浪人中は、いつもそういう危機感に苛まれていた。同世代の人たちが大学に入ってプレーしているのを想像すると、自分ひとりだけがポツンと取り残されたような気もした。

ジャイアンツやボルチモアでケガをした時は、たしかにつらかった。とくにボルチモアの時は引退を考えるほど苦しんだ。

でも、その時はこう考えることができた。

「ケガを治せば、また野球ができる」

リハビリはたしかにつらい。けれど、それは野球をするためだし、リハビリをやめてしまえばもう野球はできない。たとえボールは握れなくても、自分は野球をするためにここにいる。このまま野球ができなくなるかもしれなかった浪人時代と違って、いまは少なくとも給料をもらえて、治ればまた野球ができる。

「浪人のころに較べれば、いまの自分は幸せだ」

そう思って耐えることができたのだ。

我慢の心

浪人した一年が、自分の人生でもっともつらい一年だったのは事実である。だが、同時に非常に有益な一年でもあったのもまた事実だった。

高校までの私は、自他ともに認める短気な性格で、嫌なことは決してしようとしなかった。でも、浪人したことで、自分にとって野球がどれだけ大切かを再確認した。

「大好きな野球をやりたい！」

あらためて強く思った。

と同時に、好きなことをするためには、たとえ嫌でもやらなければならないことがあること、我慢しなければならないことを身をもって知った。

「大学に合格しなければ、野球ができなくなるかもしれない。ならば、がんばって合格するしかないじゃないか！」

その気持ちが、逃げそうになりがちな自分を支えてくれた。

また、前にも述べたように、強力な対抗心、反骨心が燃え上がったのも浪人時代だった。同年齢の高橋由伸《たかはしよしのぶ》（彼と私は生年月日が同じだ）や川上憲伸《かわかみけんしん》が東京六大学で一年生から活躍をしているのを見聞きして、私はあらためて思ったのだ。

「エリートに負けてたまるか！」

大学に入るのに、私はたしかに一年間よけいに費やした。でも、この一年は私に多くのものを与えてくれた。だから、たしかに遠回りはしたかもしれないけれど、後悔はしていない。

すんなり大学に入っていたら、果たしていまの私があるだろうか？　浪人時代に経験したこと、考えたこと、分かったことがいまの私の礎《いしずえ》になっていると言っても過言ではない。野球だけしかやってこなかった人間では経験できないことも経験できた。ひとりの人間としても成長したと思う。

だからこそ私は、この十九歳の日々を忘れないために、「19」を常に背中に背負っているのだ。

よい時も我慢、悪い時も我慢

我慢の大切さについては、プロに入ってからもあらためて気づかされた。バッテリーを組んでいた村田真一《むらたしんいち》さんに言われたのだ。

「よい時も悪い時も我慢しろ」

私はカッとなりやすい性格だ。マウンドでも、打たれると頭に血がのぼる。闘争心をあらわにするのは悪いことではないけれど、それが球を投げる時にも影響してはいけない。集中力が乱れる原因になる。そんな私に村田さんはあらためて我慢の大切さを教えようとしてくれたのだろう。

「よい時に我慢しろ」というのは、上り調子の時、波に乗っている時、勢いのある時には、いろいろな人間が近づいてきてちやほやしてくれる。当然、気分はいい。それでついついうぬぼれ、自分を過信する。

そうなってはそれ以上成長できないどころか、むしろ落ちていくのは必然。そうなりそうなところを自制し、我慢して、一歩引いて足元をしっかりみつめながら歩いていくことが大切だということ。そうすることで冷静に的確な判断を下せることになる。

「悪い時に我慢しろ」というのは説明の必要はないだろう。調子の悪い時や歯車がかみあわない時は、少しでも挽回しようとしてとかく焦りがちになる。でも、焦ったからといって、事態が好転するわけではない。むしろ逆だ。

だから、失敗した時は焦らず、腐らず、辛抱、我慢をしなければならない。そういう時は、自暴自棄《じぼうじき》になったり、そこから逃げ出したくなったりするものだけれど、その気持ちをグッと抑え、何がいけなかったのか考えたうえで、反省すべき点は反省し、修正すべきところは修正すべきなのだ。

どんなに苦しい状況に陥《おちい》ったとしても、それがずっと続くことはありえない。すべて人生におけるある通過点に過ぎないのだ。

だから、そういう時は「ここが我慢のしどころだ」と自分に言い聞かせ、焦らずに自分の足元をしっかりみつめ、小さくてもいいから目標を定めて一段一段、段階を追って少しずつ上がっていけばいい。そうしていればまた必ずチャンスは巡ってくるし、悩み、もがき苦しんでこそ、人間は成長できる。私はそう信じている。

要は、落ち込んだ時にどうやって踏ん張るか、なのだ。ある意味、それでその人間の価値が決まるのではないか。

十九歳の時に我慢することの大切さを学び、また村田さんからあらためて教えられたからこそ、ケガで苦しんだ二年間も私は腐らず、復帰を目指し、がんばり抜くことができた。

村田さんは引退する時、それまで使っていたキャッチャーミットに「我慢」と書いてプレゼントしてくれた。そのミットは大切に飾っているし、自分のグラブにも「我慢」という刺繍を入れた。いまでもピンチを招いた時はマウンド上で「我慢、我慢」と自分に言い聞かせている。「我慢」という二文字は、自分にとってもっとも大切な言葉なのだ。

つらいと感じた時こそ、負荷をかける

その意味でも、どんな時でも現実から目を背《そむ》けてはいけないと私は思う。それがつらい時にはいちばん肝心なことだ。

つらいからといって、現実から逃避してもなんの解決にもならない。弱気を払拭して現実を受け入れ、何をすればいいのか、どうすればいいのかを自分で考え、行動するしかないと私は思うのだ。

そのために力になるのが経験だ。

「あの時、おれはこんな壁を乗り越えたんだ」

前に「経験とは財産だ」と述べたけれど、そうした経験が糧《かて》となり、自分を前へ前へと突き動かしてくれる。

経験とは、小さなことの積み重ねだと私は考えている。たとえば五〇メートル走をする時、たいがいの人はゴールの直前で力を抜く。でも、私は最後まで全力で走り抜く。たった数メートル、時間にして数秒の違いだけれど、積み重ねていけば大きな差となるはずだ。

だから私は、つらいと感じた時は、「あと一本、あと一回」などと自分に言い聞かせ、実際、より負荷をかけるよう心がけている。それをしたという経験が、次につらいと感じた時に力になるのである。

自信は他人がつくってくれるものではない。自分でつくるしかない。そして、自信をかたちづくってくれるのは、そうした地道な努力なのであり、その努力が花を咲かせ、実を結ばせるのだと私は思っている。

野球をやめようかと考えた高校時代

私はいわゆる野球エリートではない。

小学生の時、地元の少年野球で本格的に野球を始めたけれど、中学校には野球部がなかったので陸上部。硬球を握ったのは高校からで、野球には力を入れていたものの当時まだ歴史の浅かった高校野球部でも控えピッチャーだったし、大学に入るのに浪人している。進学した大学も無名といってよかった。

そんな私が、大学に入るやいなや主戦としてマウンドに立ち――所属していたリーグのレベルがまだそれほど高くなかったとはいえ――全国の有力大学が集う大学選手権で結果を出し、さらには日本代表に選ばれ、卒業時にはドラフト候補としてプロのスカウトの注目を浴びるまでになぜなれたのか――。

正直、自分でもよく分からないのだが、ひとつ言えるのは、「人からやらされるのではなく、自分で考えて、能動的に取り組むようになったことが、成長につながったのではないか」ということだ。

高校三年生でピッチャーに転向するまで、私は外野手だった。少年野球チームではピッチャーだったし、高校の監督からも「ピッチャーをやれ」と言われていた。でも、私は「勘弁してください」と断った。ピッチャーの練習を見ていると、ほかの選手とは別メニューで走ってばかり。それが嫌だったのだ。

高校入学当初は、野球部の生活に大いに戸惑った。私が通った高校だけではないだろうが、いわゆる体育会系というのか、上下関係が厳しかった。練習にしても、なぜそれをするのかという説明なしに強制され、逆らうこともできなかった。それまで楽しかった野球が、初めて楽しくなくなりかけた。

「やめようかな……」

悩んだ時期もあった。やらされる練習、野球が嫌だった。

やらされることほど楽なことはない

誰かに強制されてやらされるのではなく、自分から取り組むようになったのは、浪人したことがきっかけだったと言っていい。

この一年は野球を封印し、ひたすら勉強に打ち込んだのだが、大学に合格したら野球をするつもりだったので、身体づくりのために、気分転換とストレス発散も兼ねて週三回、ジムに通ってウェイト・トレーニングをした。

もちろん、ジムの人の指導を受けて行っていたが、自分でもノーラン・ライアンの『ノーラン・ライアンのピッチャーズ・バイブル』（トム・ハウスとの共著、ベースボール・マガジン社）などの本を読んで勉強し、いろいろ試してみた。

そのころは身体が細かったので、とにかく大きくしたいという一心でやたら負荷をかけていて、いま考えれば、正しいトレーニングではなかったと思う。でも、大学に入学した時には体重は一〇キロ増えていたし、ピッチングをしてみると球速は一四〇キロを超え、高校時代に較べれば一〇キロ以上も速くなっていた。

再チャレンジして入学した大阪体育大学の野球部は、レベル的にはそれほど高くなかった。けれども、そのぶんいわゆる体育会系の運動部とはまったく違って、理不尽な上下関係もなく、和気あいあいとした自由な雰囲気があった。

顧問という立場の先生はいたけれど、専任の指導者すらいなかった。体育教師志望者が多かったこともあって、練習メニューは学生コーチや学生トレーナーが主体となって決めていた。彼らはプロのキャンプを見に行ったり、社会人のチームに研修に行ったりして、見聞きしたものを持ち帰り、私たちに教えてくれたし、実際、私たち自身も考えた。

「こういう効果を上げるためには、どういう練習をすればいいか」

「ここを強化するには、何が必要か」

みんなが調べ、報告し合った。もちろん、私もいろいろな本を参考にしたりして、勉強した。それらを持ち寄り、検討し、試行錯誤しながら内容を決めていった。

有名大学のように合宿所はないから自宅から通学していたし、専用のグラウンドも室内練習場もなかったので、全体練習は付属高校のグラウンドを間借りして行っていた。付属高校とは野球の強豪として全国的に知られる浪商で、グラウンドの使用権はその浪商野球部が最優先で持っており、二番目は付属中学。大学が全体練習できるのは昼休みのせいぜい三十分程度しかなかった。あとは授業の合間を縫って個人練習するしかなかった。予算も少ないから、練習に必要な器具も自分たちで工夫してつくったりしたものだ。

上下関係がなく、ましてや学生の自主性に任されていると、易《やす》きに流れるというか、どうしても自分たちを甘やかし、楽な方向に傾きがちになるのではと思われるかもしれない。

でも、自分たちで決めたトレーニングをした結果、期待した通りの効果が出ればとてもうれしいし、そうなれば「もっと効果が上がる方法はないか」「こうすればもっとよくなるのではないか」と意欲や向上心がさらに高まり、効果ももっと上がる。そういう相乗効果が生まれれば、放っておいても自分を追い込んでいくことができるようになるものだ。

事実、高校時代は走るのが大嫌いだった私だが、大学に入ると自ら取り組むようになった。走り込みがピッチングにどういうメリットを与えるのか、自分で調べ、理解し、納得したからだ。やらされる練習は嫌でも、自ら必要と思えば、同じ練習であっても厭わなくなるものだ。

しかも、その結果、一年生の時に大学選手権の準々決勝で、東北福祉大学のエースでドラフトの目玉だった門倉健《かどくらけん》さんと投げ合い、一対三で敗れはしたものの、一五の三振を奪う互角のピッチングを展開したことが注目を浴び、まったくの夢や憧れに過ぎなかった「プロ野球選手」が、もしかしたら手の届く存在なのかもしれないと感じられた。

それが私のモチベーションに拍車《はくしゃ》をかけたと思う。

プロに入った時、あらためて思ったものだった。

「やらされるのって、こんなに楽なんだ」

プロでは、トレーニングメニューは全部コーチが決めてくれる。言う通りにやっていればいい。

でも、言われたことをただこなしているだけではダメだと私は思う。そこからさらに一歩進んで、どうしてこのトレーニングをするのか、これをすることの目的と意味は何か、もっと自分に合ったやり方があるのではないか、などと常に疑問を持ち、自分自身で考えたうえで自主的に取り組まなければ、本当には身につかないのではないか。というより、そのほうがはるかに効果的だと私は思うのだ。

いまでは私も後輩からアドバイスを請《こ》われる立場になったが、私のほうから何かを教えることはない。訊かれれば、答えられることはすべてオープンに答えるけれど、おたがいプロなのだから、私の姿を見て、何か参考になることがあれば、学びたいと思うことがあれば自分で盗めばいい。私は、学生時代から率先垂範《そっせんすいはん》というのか、人より多く練習しているところを見せて、言葉より態度で感じてもらうように努めてきた。そうすることで、「自分もがんばろう！」と自らの意思で課題を克服しようとするようになると信じていたからだ。

やらされたり、与えられるのを待ったりするのではなく、自ら頭を使って考え、創意工夫しながら自主的に取り組むこと――その大切さを私は浪人から大学時代までに知ったのだった。

つまらないプライドは捨て去って、訊く大切さ

「アドバイスを受けてダメだったとしても、誰も責任は取ってくれない」

前に私はそう言った。

「自ら考えて取り組むことが大切だ」

先ほどはそう述べた。

でも、だからといって私は、人の言うことを聞かないわけではない。むしろ逆だ。私は大学まで専門のコーチに指導された経験がなく、いわば自己流でやってきた。それだけに技術的に分からないことや疑問に感じたことが多々あった。だから、プロに入ってからは積極的にコーチや先輩に訊きに行った。

私がここまでやってこられたのは、宮田征典《みやたゆきのり》さんや鹿取義隆《かとりよしたか》さん、小谷正勝《こたにただかつ》さん、尾花高夫《おばなたかお》さんといったジャイアンツ時代にお世話になったコーチの方々の存在が非常に大きい。私が苦しんでいる時に、コーチの方々が質問にきちんとした答えを返してくれた

のは、とても力になったし、感謝している。

たとえば、私のピッチング・フォームはノーワインドアップだが、じつはプロに入って最初の二試合はきちんと振りかぶって投げていた。ところが、コーチやスコアラーから指摘を受けた。

「振りかぶった時の手首の角度で球種が分かってしまう」

学生時代まで自己流でフォームをつくってきたので、そんなことは気にしていなかったし、気づくこともなかった。それでノーワインドアップに変えたのだ。

ほかにもさまざまな細かな問題点を指摘され、コーチとともにひとつひとつ課題を潰していった。一気に矯正しようとしても絶対に不可能だから、試合ごとにひとつだけ課題を頭の片隅で意識しながら投げるようにした。そうやっていまのフォームはできあがったのだ。

先輩では、先ほど名前の出た工藤公康さんのほか、桑田真澄さんが私にとってはかけがえのない存在だった。ピッチングに関することで悩んだり、疑問に感じたりしたことは、とにかく桑田さんに訊《たず》ねればなんでも答えてくれる感じだったし、トレーニング法やプロとしての心構えなどについても教えてもらった。尊敬する先輩として、精神的にもずいぶん頼りにしていたものだ。村田真一さんも、キャッチャーの立場からいろいろアドバイスをしてくれた。

コーチもそうだが、「この人の言うことなら」と信頼できる先輩、相談できる先輩をみつけることはとても大切だと私は思っている。もちろん、先輩でなくてもいい。同僚でもいいし、なんなら後輩だってかまわない。実際、私はテキサス時代、ダルビッシュ有《ゆう》投手に技術的なことをよく訊ねたものだ。成長したいのなら、つまらないプライドなんて捨て去るべきなのだ。

言われたことはなんでも試してみる

アメリカに行っても、なんでも訊いてみるという私の姿勢は変わらなかった。いや、日本にいた時以上に積極的になったかもしれない。

というのは、いま述べたように、アメリカでは自分から求めようとしなければ本当に何も与えられないということが分かったからだ。向こうから来てもらうのを待っているだけではいけない。私はアメリカに来て、あらためてそう感じた。

日本ならば、選手が何も言わなくてもコーチのほうから競うようにして教えてくれる。だが、メジャーのコーチは自ら選手に歩み寄ることはない。選手のほうからアドバイスを求めないかぎり、積極的に教えようとはしない。

だからといって、冷たいわけではもちろんない。「求めよ、さらば与えられん」ということわざがあるけれど、こちらがアドバイスを求めれば、日本のコーチと変わりなく、熱心に私につきあってくれる。要は、自分から積極的にアプローチする姿勢が必要なのだ。

フォームは毎日変わる——私はそう思っている。一度登板すると、次に投げるのは早くて十二時間後。体調も変化していれば、精神的にも変わっている。前日と同じように投げろと言われても絶対に無理だ。

そういうこともあって、ちょっと違和感があった時などは、「肩の位置はどうか」とか「腕の位置は?」「下半身は?」というように、コーチに訊きに行く。

メジャー流コーチングの特徴としては、選手とディスカッションする際に、まずおたがいの意見を主張し合うことがあげられる。そのうえで、その選手に合った解決策を模索していく。

もうひとつ、選手の長所を伸ばそうとするのもアメリカ流だ。いまは日本の指導法もずいぶんそうなってきたけれど、まずは欠点を直すという考え方が依然として根強い。

どちらがいいか一概にはいえないだろう。ただ、いいところを伸ばしたほうが生き残る道は広がると私は思う。前に言ったように、全部で及第点を取るより、何かひとつ飛び抜けたものを持っているほうが使い道は広がるからだ。

それはともかく、いずれにせよ、私は人のアドバイスや意見を積極的に訊くようにしている。コーチや先輩だけでなく、後輩に訊ねることもある。他人のアドバイスを聞くことは自分の考え方を広げることになるし、新たな可能性を発見することにもつながるからだ。

そして、言われたり訊いたりしたことは、実際に試してみる。何事もそうだが、自分で体験してみなければ、それがいいのか、悪いのか、本当には分からない。そして、やってみた結果、自分に合っていると思えば取り入れればいいし、必要がないと思ったり、自分に合っていないと思った時は捨てればいいだけの話だ。

「常識」というのもそうだ。常識とは、先人たちが代々受け継いできた知識や知恵のことだと言っていいだろう。だから、常識の多くが正しいのは間違いない。

しかし、なかにはたんに「それが常識だから」という理由だけで正しいと信じられているものもあるのではないか。野球界でいえば、ウェイト・トレーニングがその最たるものだ。かつてウェイトは、とくにピッチャーは「やってはいけない」と言われていたが、いまは誰もが熱心に行うようになった。私自身も浪人中に試してみて効果を感じられたから、その後もずっと続けている。また、とくにメジャーでは「肩は消耗品」という考えから、試合はもちろん、キャンプでも球数制限を設けているが、私は「投げるための筋肉は実際に投げないとつかない」と思っているので、キャンプに入る前にある程度投げ込んでおくようにしている。

大切なのは、「常識だから」と盲信するのではなく、「本当に正しいのだろうか」と疑問を抱き、自分自身で試してみることだろう。その結果、やはり正しいとなれば実践すればいいし、間違っていると思えば、たとえ常識と呼ばれることであっても無視すればいい。

「どんなことでも最初から拒否してしまうのはもったいないし、逆に「せっかく努力したのだから」と無駄なものに未練を残し、執着してもいいことは何もない。なんでもやってみて、よければ取り入れ、ダメだったら潔《いさぎよ》く捨て去り、前に向かうべきだと私は思う。要らない選択肢をひとつ減らしたのだから、それは進歩なのだ。

第5章

何かを犠牲にしなければ成果は得られない

「力」以外も磨く必要がある

「あの時、どうしてこうしなかったのか……」

そういう後悔だけはしたくない。私はそう言った。

「迷ったら進め」

いつも私は自分にそう言い聞かせてきた。何事も、やらずに後悔する人は意外に多い。そこで「どうしてやらなかったのか」と訊ねてみると、たいがいはこう答える。

「自信がなかったから」

でも、それなら逆に訊きたい。

「じゃあ、自信がついたらやるんですか？　その自信はいつつくのですか？」

あとから「こうしておけばよかったのに……」と悔やむくらいなら、たとえ失敗しても行動したほうがいい。大事なのは、まず進むこと、行動すること、挑戦することだ。

「やりたい」と憧れるのではなく、「やるんだ」と実践すること。自信というのは、そうすることで生まれるのだと私は思う。

三十四歳にして、それまで築いた実績や、その結果手にしたものをすべて投げ打って日本を飛び出し、メジャーリーグに挑戦したのも、「いまやらなければ後悔する」と思ったのが最大の理由だった。

「やっぱりアメリカに行っておけばよかった……」

いざ引退の時を迎えて、そういう後悔だけは絶対にしたくなかった。

もともとメジャーにそれほど興味があったわけではない。というより、自分が将来プロ野球選手になるなんて、意識したこともなかった。

高校時代は控えのピッチャーでまったく無名だったし、進学先に大阪体育大学を選んだのも、体育教師になろうと考えていたからだ。そのころの私には、メジャーリーグどころか、プロ野球選手という選択肢もなかったのである。

そんな「夢」に過ぎなかった「プロ野球の世界」が、「目標」になったのは、大学三回生の時だった。

一九九七年六月に行われた日米大学野球で、私はアメリカから大会タイとなる一四奪三振を奪った。そして同年八月、スペインはバルセロナで行われたインターコンチネンタルカップに、日本代表の一員として私は出場した。

第一ラウンドをキューバ、オーストラリアに続く三位で通過した日本は、決勝トーナメント準決勝でオーストラリアを下し、決勝ではキューバと対戦することになった。

当時のキューバは国際大会で十年以上負け知らず。なんと一五一連勝中だった。とくに、のちに中日ドラゴンズでプレーすることになるオマール・リナレス、社会人野球チームのシダックスに在籍するオレステス・キンデランとアントニオ・パチェコを擁する打線は強烈な破壊力を誇っていて、インターコンチネンタルカップでも七連覇中だった。そのキューバ戦の先発を私は任されたのだった。

結果から述べれば、私は五回三分の一を投げ、被安打五。そのうちの一本はリナレスにバックスクリーン横にぶち込まれたホームランだったが、失ったのはその一点のみ。最終的に日本は一一対二で圧勝、キューバの連勝記録を、そして大会八連覇を阻止し、一九七三年以来の優勝を飾ったのだった。

むろん、世界一のキューバ相手に自分の力が通じたことはうれしかったし、全盛期のリナレスやキンデランと渡り合えたのは大きな自信にもなった。だがその一方、自分にはまだまだ足りないものがあるという現実も思い知らされた。

それまでの私は、バッターの内角いっぱいを突いて詰まらせることに快感を覚えていた。バットをへし折ることこそがピッチャーの醍醐《だいご》味《み》だと考えていたのだ。

しかし、キューバ打線を相手にしたことで、それは思い上がりに過ぎなかったと痛感した。パワーに勝るキューバのバッターは、金属バットを使っていたこともあっただろうが、たとえ内角のストレートに詰まらされたとしても、打球を内野の外側まで運んでしまうのだ。

とくにリナレスに打たれたホームランには驚いた。打たれたのは高めの、見逃せばボールになる球で、私は「見逃しだ」と判断したのだが、次の瞬間、どこからかバットが出てきて、気がついたら打球がスタンドに突き刺さっていた。そのスイングスピードは、それまで見たことがないものだった。

大体大の中野和彦《なかのかずひこ》監督は、いつも私に忠告していた。

「バットに当たらないような球を放れ」

つまり、「力で押すだけがピッチングではない」という意味だったのだが、私は「ならば、ストレートを磨いてバットにかすらせなければいい」と短絡的に考えていた。キューバの強打者たちと対峙したことで、私は中野監督の言葉の意味がようやく理解できた気がした。

「いくら速い球を投げても限界がある。もっと上のレベルでやるには、投球術を身につけなければいけない」

このキューバ戦は、そのことを私に教えてくれたという意味で、大きな意義があった。

将来はプロ野球の道に進む――。それを現実として視野に入れ始めたのはこのころだったと思う。まだ三回生だったから、とくにプロを意識したことはなかったのだが、このピッチングでにわかに周囲が騒がしくなった。

そして、ともにキューバと戦った高橋由伸や川上憲伸がひと足先にプロに入り、一年目から活躍しているのを見たことが、その気持ちを後押しすることになった。

「自分もプロでやってみたい」

そう思うようになったのだ。あのキューバ戦がなかったら、もしかしたらいまの自分もなかったかもしれない。

日本か、アメリカか

このキューバ戦での活躍もあって、四回生になった時には、私は「ドラフトの目玉」と言われるようになっていた。私自身も、そのころにはプロに進むことに決めていた。

ただ、それが日本なのか、それともアメリカになるのかは、まだ決めかねていた。

というのは、もともとメジャーをそれほど意識していたわけではなかった私だが、大学時代にテレビ中継などを通してメジャーリーグに興味を持つようになっていた。さらに日本代表として幾多の国際試合を経験するなかで、やるからには世界の最高峰の舞台で投げてみたいという気持ちが湧《わ》いてくるのを抑えることができなくなっていた。実際、日米大学野球やキューバ戦のピッチングで、メジャーのスカウトからもマークされるようになった。

大学四回生の八月、イタリアで開かれた世界選手権に出場した私は、アメリカに立ち寄った。

「果たして、自分はメジャーで通用するのだろうか」

それを探るのが目的だったのだが、メジャーの試合を現場で見て、その雰囲気を肌《はだ》で感じているうちに、私はすっかりその魅力にとりつかれてしまった。

何より、選手と観客が一体になっている雰囲気に感激した。一回から九回まで鳥肌が立ちっぱなしだった。そこには、自分が子どものころから抱いていた野球に対する気持ちそのままの野球があった。そして、強く思うようになっていったのだ。

「こんな雰囲気のなかで、メジャーリーグの強打者と対戦してみたい」

知人の紹介で、当時アナハイム・エンゼルスに在籍していた長谷川滋利《はせがわしげとし》さんにお会いして、さまざまな話を聞いたことが、私の気持ちをさらに後押しした。

長谷川さんにエンゼルスのクラブハウスに入れてもらい、監督や選手とも話をすることができた。エディソン・インターナショナル・フィールド・オブ・アナハイムのマウンドにも立たせてもらった。もはや私の心は完全にメジャーに傾いていた。何しろ、エンゼルスに入団した時に備えて、住む家も探したほどだ。

一〇〇パーセントの自信がなければ来ないほうがいい

けれども――。

エンゼルスの極東スカウトのひと言で、私の決心は揺らぐことになった。

「一〇〇パーセントの自信がなければ来ないほうがいい」

そのスカウトはそう言ったのだ。つまり、こういうことである。

「アメリカでやるつもりならば、プレーはもちろん、生活においても相当の覚悟がいる」

考えてみれば、私は英語が話せない。それまでひとり暮らしをしたこともなかった。いまでもそうだけれど、私はいわゆるグルメではなく、米や味噌汁がなくても困らないし、ハンバーガーでもかまわないから、食事はそれほど問題なかったが、日本とはまったく異なる環境、習慣のなかで生活することに対してはやはり不安があった。

それに、いまはたくさんの日本人選手がアメリカでプレーしているから、いろいろな情報が入ってきて、敷居が低くなってきているけれど、そのころのメジャーで活躍している日本人は野茂英雄《のもひでお》さん、伊良部秀輝《いらぶひでき》さん、長谷川さんくらいだった。

そうやって考えていくと、次々と不安が湧いてきて、私の自信はどんどん失われていった。「それでも行く」という覚悟を決められなかった。

帰国してから約三カ月。私は悩みに悩んだ。その結果――「迷ったら進め」という先ほどの言葉とは矛盾しているように見えるかもしれないけれど――最終的に読売巨人軍で投げることに決めた。

声をかけてくれた球団は、日米を合わせると両手にあまりあった。じつは、関西育ちの私は阪神タイガースのファンだった。なかでも憧れは掛布雅之《かけふまさゆき》さんで、一九八五年、ランディ・バースさん、掛布さん、岡田彰布《おかだあきのぶ》さんの伝説のバックスクリーン三連発で巨人を粉砕した試合を見た小学校四年生の私は、躍《おど》り上がって喜んだものだ。

さらに言えば、ジャイアンツの勧誘はもっとも熱心ではなかった。にもかかわらず、どうして私はジャイアンツを逆指名したのか――。

強いチームで切磋琢磨してこその「キャリアアップ」

ジャイアンツに決めた理由。それは――タイガースが早くに手をひいてしまったこともあるけれど――やはり、ジャイアンツが「日本のなかのメジャー」だったからだ。プロでやるからには、もっともレベルの高いところでやりたかった。それに、大学時代はいつも観客が数えられるくらいの環境で試合をしていたから、人気の高いところ、多くの人に注目されるチームで投げてみたいという理由も大きかった。

とはいっても、ジャイアンツに入団したからといって、メジャーでプレーすることをあきらめたわけではなかった。実際、「将来はメジャーに行きたい」と公言していた。

そのため、「巨人はメジャーへの腰掛け」と批判された。しかし、メジャーへの憧れを持ちながら、ジャイアンツでがんばろうと考えることの、どこがいけないのか。

ジャイアンツ入りは、私にとってはいわばキャリアアップのためだった。一般の社会で、自分のキャリアをアップさせるために転職するのはいまではふつうのことで、むしろ奨励されているではないか。

そもそも「腰掛け」と「キャリアアップ」はまったく違う。その場所で実績を残さなければ、別のところから必要とされるわけはないし、自分から求めても相手にされないだろう。結果を出していない人間が何か言っても、誰も認めてくれないのだ。すべてはいまいる場所で結果を出すことから始まるのである。

「まずはジャイアンツで精一杯やって結果を出すことだ。そうして一〇〇パーセントの自信が生まれた時、もっと上を目指そう」

そう考えて私は、ジャイアンツのユニフォームに袖《そで》を通すことにしたのだ。

先ほど「ジャイアンツは日本のメジャーだ」と述べたように、当時のジャイアンツには、桑田さん、槙原さん、斎藤さんという絶対的な先発三本柱をはじめ、河原純一《かわはらじゅんいち》さん、入来さんといった錚々《そうそう》たるピッチングスタッフが揃っていた。そのなかで揉《も》まれ、競い合い、切磋琢磨《せっさたくま》してこそ、自分も成長できると思ったし、そうしたエリート揃いの集団のなかに、自分のような雑草があえて飛び込めば、「エリートに負けてたまるか」という反骨心が芽生え、自分をより高めていこうとする原動力になるとも思った。決して腰掛けのつもりなどではなかった。

再び高まったメジャー挑戦の気持ち

こうして一度は「封印」したメジャー挑戦を、あらためて現実のものにしたいと強く願うようになったのは、日米野球でメジャーリーグの強打者たちと対戦したことが大きかった。

メジャーリーグ選抜もしくは前年のワールドシリーズ優勝チームが来日し、日本選抜や単独チームと対戦する日米野球は、ワールド・ベースボール・クラシック（WBC）がスタートして以降途絶えているが、以前はほぼ二年に一度のペースで開催されていた。私が初めてメンバーに選ばれたのは、二〇〇二年のことだった。

その年行われた全七試合のうち、私は初戦と第七戦に先発。とくに初戦では、前年に七三本塁打を放ってメジャー記録を更新したバリー・ボンズ（サンフランシスコ・ジャイアンツ）をすべて空振りの三打席連続三振に打ち取った。

プロ一年目にいきなり二〇勝（四敗）をあげて投手タイトルを独占した私だが、二年目と三年目は故障に苦しみ、満足のいく成績をあげられなかった。しかし、四年目の二〇〇二年には目標だった二〇〇イニングス登板を果たし、一七勝をマークして最多勝と沢村賞を獲得。日本シリーズでも第一戦の先発を任され、完投勝利で四連勝に貢献できた。

自分でも納得できる成績を残せたと感じていたのに加え、日米野球で好投できたことで、「メジャーでもできるかもしれない」という自信が芽生えたし、メジャーのスカウトからもマークされたようだ。

二度目の出場となった二〇〇四年の日米野球でも、私はやはり初戦と第七戦に先発。初戦で「ロケット」の異名を取る豪腕ロジャー・クレメンスと投げ合った。

ボンズをはじめ、バーニー・ウィリアムス、ジェイソン・ジアンビ、デレク・リー、マニー・ラミレス、デビッド・オルティーズといったメジャーを代表する強打者と戦った経験は、ワクワクするものだった。

とりわけ、前から憧れていたクレメンスと対談させてもらえたのは有意義だった。どうして四十二歳にして一五〇キロのボールを投げられるのか、かねてから不思議だったので訊ねてみたら、トレーニングだけでなく、食生活や私生活などあらゆることを野球中心に組んでいた。実際にトレーニングをしているところを見せてもらったことも、得難い経験だった。

こうした経験を通じて、自分を成長させるには、より高いレベルに挑戦することが必要だと強く感じるようになった。そうしなければ、スリルと興奮も味わえないことも……。

「そのためには、やっぱりメジャーでプレーしたい。メジャーの舞台を思いっきり楽しんでみたい——」

もはや私は、高まるその気持ちを抑えることはできなくなっていた。

さらに二〇〇六年、第一回WBCに出場し、第二ラウンドでは実際にアメリカに乗り込んで、ケン・グリフィー・ジュニアやアレックス・ロドリゲス、デレク・ジーターといったメジャーリーガーたちが並んだアメリカ代表と対戦したことで、メジャーでやりたいという欲求はさらに高まった。

私は「自信がなくても、やってみるべきだ。そうすることで自信は生まれる」という意味のことを話した。でも、大学を卒業する時、私は「一〇〇パーセントの自信がない」という理由でメジャー行きを断念した。だからこそ、「いましかない」と思った。「いまこそメジャーリーグに挑戦しなければ、絶対に後悔する」

そう確信したのだ。

ボルチモアでスタートした「第二の野球人生」

二〇〇八年四月四日、ＦＡ（フリーエージェント）権を得た私は、翌年のメジャーリーグ移籍を目指す意思を表明。シーズン終了後の十一月十四日にはＦＡ宣言を行い、正式にメジャー挑戦を口にした。

それ以前に、クレメンスと投げ合ったオフに私はポスティングでのメジャー移籍を球団に直訴した。しかし、ジャイアンツは認めてくれなかった。そのため、ＦＡ権取得まで待つしかなかった。私は三十四歳になっていた。

新天地はア・リーグ東地区に所属するボルチモア・オリオールズ。近年は負け越しが続いており、二〇〇八年当時も最下位に沈んでいたが、過去にはワールドシリーズを三度制した名門で、一九七〇年の日米野球で来日もしている。「鉄人」と呼ばれたカル・リプケン・ジュニアが在籍していたことでも知られているはずだ。

私にとっては、いち早く獲得に名乗りを上げてくれた球団であり、「先発の中心として期待している」と言ってくれた球団だった。背番号は、ジャイアンツ時代と同じ「19」に決まった。

先ほど述べた通り、当時のボルチモアは低迷が続いていた。何しろ一九九八年以降、十一年連続負け越しが続いており、しかも二〇〇四年に地区三位になった以外はずっと四位以下に甘んじていた（東地区は五チーム）。私が入団した二〇〇九年も、正直言って、望み薄だった。

しかし、私はこう考えた。

「弱いチームが強いチームに勝つのはおもしろいちゃうんか？」

持ち前の反骨心が湧いてきたのだ。弱いチームが強くなっていくのに貢献することは大きなやりがいになるし、私個人にとっても、弱いところで結果を出すことができれば評価が上がり、強いチームに移籍するチャンスも出てくる――。そう思っていた。

「第二の野球人生のスタート」

入団会見でそう語った私のデビュー戦は四月八日。場所は本拠地のオリオール・パーク・アット・カムデン・ヤーズ、相手は、日本でもおなじみのデレク・ジーターやアレックス・ロドリゲス、そしてジャイアンツ時代の先輩でもある松井さんといった強打者がズラリと並ぶ〝強いチーム〟の代表格、ニューヨーク・ヤンキースだった。

地元ファンが好奇と期待に満ちた視線を注ぐなか、私は日本のそれとは違う滑るボールに戸惑い、毎回のようにランナーを背負いながらもなんとか五回八六球を投げ、一失点。松井さんに対しても第一打席はセカンドゴロ、第二打席はショートフライ、第三打席はレフトフライに打ち取り、初登板初勝利をあげることができた。

球場に行くのが楽しい

「やっぱりアメリカの環境は自分に合っている」

私はあらためて感じた。

毎日、球場に行くのが楽しかった。毎朝、起きると、「球場に行って野球をしたいな」と心から思った。こんな気持ちは久しぶりだった。

むろん、言葉の壁はあるし、慣れない環境で戸惑うことは多い。移動は長距離で、しかも時差が加わる。とくに西海岸から東海岸への移動はきつく、一時間とか三時間の時差はジャブのように身体に効いてくる。ほとんど休みもない。日本では週一日は試合がないけれど、メジャーでは二〇連戦もめずらしくない。

そうであっても、私には楽しかった。

第一に、球場の雰囲気が日本とはまったく違った。日本でプレーしていた時は、ジャイアンツの本拠地の東京ドームをはじめ、ナゴヤドーム、明治神宮野球場、横浜スタジアムと、セ・リーグの半数以上の球場が人工芝だった。でも、メジャーのほとんどの球場は天然芝で、屋根もない。すごく気持ちがよかった。

ブルペンの場所も日本とは違う。アメリカでは必ず観客から見える場所にあった。これは一種のファンサービスだと思う。リリーフ専門のピッチャーがたとえ試合に登板しなくても、観客はブルペンでの姿を見ることができるわけだ。

また、スタンドも日本と違って鳴り物がないから、観客はみな野球に集中しているし、声援や拍手もすごい。とにかく、観客と選手が一体になって楽しんでいるのがフィールドからも感じられた。

アメリカでは野球場のことを「ボールパーク」と呼ぶけれど、それぞれの球場に特徴があり、まさしく遊園地にいるような感覚がある。

たとえばタンパベイ・レイズの本拠地トロピカーナ・フィールドではバックスクリーン横に球団名の由来であるレイ（エイ）の入った巨大な水槽があるし、トロント・ブルージェイズのロジャース・センターは、外野スタンドの大画面の後方がホテルになっていて、宿泊者は部屋から観戦できる。ヒューストン・アストロズのミニッツ・メイド・パークはユニオン駅という歴史的建造物に隣接していて、左中間後方に蒸気機関車があり、プレーボールの時やホームランが出た時などに警笛を鳴らして線路を走ったりする。そして、現在私が所属しているボストン・レッドソックスの本拠地フェンウェイ・

パークは、左中間が狭く、本塁打が出やすかったため、レフト後方に〝グリーンモンスター〟と呼ばれる巨大なフェンスが設置されているという具合（ただ、打球が高く上がればグリーンモンスターを越えてしまうし、ふつうの球場ならレフトフライに終わる打球でもグリーンモンスターに当たると二塁打と判定されるため、私にとっては一概に有利とは言えないのだが……）。

こうした魅力もさることながら、やはり力対力の勝負が心地よかった。妙な話だけれど、おたがいに全力を尽くしての対決は、打たれても楽しかった。人より遠くへ投げて、人より遠くに飛ばすこと、バッターを打ち取ること、ピッチャーに打ち勝つという単純なことが何よりも楽しく、快感だった少年のころに戻ったような感じだった。

自分はなんのためにアメリカにやってきたのか？

話をボルチモア時代に戻そう。

ボルチモアでの二年目、私は先発から中継ぎに回ることになった。それまで先発でずっとやってきたピッチャーにとっては、中継ぎ転向が「実力不足ゆえの配置転換」を意味していると認めざるをえないのは事実だ。

けれども、ジャイアンツ時代に私はリリーフも経験したことがあったから、その役割の大切さとそれに伴う苦労を分かっていた。

「先発とリリーフ、どちらがきついですか?」

そういう質問をよく受ける。答えはこうなる。

「どちらもきつい」

リリーフは最初からきれいなマウンドで投げられるわけではない。いつ登板を命じられるか分からないから毎日準備しなければならない。しかも、マウンドに向かうのはピンチの場面のほうが多い。とくに中継ぎは、流れの悪い場面でマウンドに上がり、その流れを断ち切って次のピッチャーにつなぐという難しい役割を要求される。

対して先発は、メジャーなら五日に一度投げればいい。だからプレッシャーは、リリーフのほうが先発よりきついのではと思われるかもしれない。

だが、先発だってその一試合のために集中して調整しなければならない。先発の出来で試合の行方《ゆくえ》は大きく左右される。ましてやそれがチームにとって負けられない大事な試合であれば、先発にかかるプレッシャーは並大抵のものではない。

つまり、それぞれのきつさがあり、それは決して較べられるものではない。どちらもチームにとって必要な存在なのだ。

だから、スプリング・キャンプでボルチモアの首脳陣から「先発では使わない」と通告された時も、ショックはなく、素直にその意向を受け入れることができた。

ただ、起用されるのは、敗戦処理や大差がついた場面が多かった。プロに入ってからはそういう場面で投げたことがなかったので、正直、思うところがまったくないわけではなかった。

そこで私は、あらためて自分に問いかけてみた。

「自分はなんのためにアメリカにやってきたのか――」

言うまでもない。メジャーで投げるためではないか。

であるならば、与えられたポジションで全力を尽くすしかない――。私はそう考えた。

メジャーでの一年目は、ケガのせいでなんの結果も出すことができなかった。そんなピッチャーが「先発をやらせてくれ」と言っても、相手にされるわけがない。よくてマイナー降格、悪ければ解雇を言い渡されるだけだ。ましてや私は三十代半ば。代わりはいくらでもいる。

自分はマイナーで投げるためにアメリカに来たのではない。メジャーでは、過去の実績や栄光はなんの役にも立たない。生き残るためには現実を見なければならないのだ。たとえ不本意な起用のされ方であっても、腐らずに我慢して投げ続け、結果を出すしか道はないのである。ちっぽけなプライドのために、肝心の目的を見失ってしまうのは愚《おろ》かだ。

そう思って私は懸命に投げ続けた。その気持ちがよかったのか、内容もよかった。その安定感が認められ、暫定ではあったけれど、クローザーに抜擢されたのだ。

遊びで得られる満足感より、野球で得られる満足感のほうがはるかに大きい

私がメジャーを目指したのは、何よりも野球が好きだからだ。大好きな野球を精一杯楽しみたいからだ。好きだからこそ、最高峰のレベルで思い切りプレーしてみたい――。そう思ったのだ。

好きなことをするためには、何かを我慢しなければならない。何かを得るためには、何かを犠牲にしなければならない。好きなことをやると決めた以上、それだけの覚悟は絶対に必要だ。

すでに述べたように、この五年間、私はいろいろなことを我慢してきた。私はお酒がとても好きなのだが、外にはまったく呑みに出かけていないし、家でも缶ビール二本までと決めている。外食もほとんどしていない。毎日決まった時間に起き、決まった時間に球場に行き、決まったトレーニングをして、登板に備える。

試合が終われば、また軽くトレーニングをしてまっすぐホテルに帰り、入浴とひとりだけの寂しい食事を済ませたら、日課の電気治療をして、また明日に備える。贅沢といえば、バスタブに入れるさまざまな入浴剤くらいといってもいい。

できることなら目覚まし時計を気にせず、起きたい時に起きて、寝たい時に寝たいし、たまには好きなものを好きなだけ食べたり飲んだりしたい。夜の街に繰り出して羽《は》目《め》を外して騒ぎたい時もある。

でも、そうして得られる楽しさや充実感、満足感と、野球で結果を残す楽しさや充実感、満足感のどちらが大きいかといえば、それは比較にならない。言うまでもない。野球で結果を出すほうが、はるかに楽しいし、充実感と満足感も味わえる。そして、その楽しさや充実感や満足感は、犠牲が大きければ大きいほど、多ければ多いほど、高くなると私は思っている。だいたい、遊びは引退してからいくらでもできる。しかし、野球はいましかできないのだ。

そう思えば、多少の我慢はなんともなくなる。自分を律しようと、ことさら思わなくても、おのずと律するようになる。

それに、自分に強いた我慢や犠牲が大きければ大きいほど、それから解放された時の快感といったらない。

シーズンが終わり、再び始動するまでの二、三週間、私はひたすら何も考えず、好きな時に好きなものを食べる。二〇一三年のオフもボルチモアの自宅に戻って家族とともに過ごしながら、食べたい時に食べたいものを食べ、呑みたい時にお酒を呑んだ。シーズン中は我慢していたことを好きなだけやった。例年よりも我慢の時が長かったぶん、残せた結果も大きかったから、その解放感は格別だった。

第6章

反骨心

レッドソックスが大統領を表敬訪問

非エリート

私のあふれる闘争心は、自分がいわゆる「野球エリート」ではないということとも関係しているのは間違いないと思う。

プロ野球選手といえば、子どものころからリトルリーグやシニアリーグで注目され、野球の名門校に進んで甲子園や神宮、あるいは社会人野球で活躍した人間が大半だ。

私と同世代では桐蔭学園高等学校から慶應義塾大学に進み、東京六大学の通算本塁打記録を塗り替えた高橋由伸や、徳島商業時代に甲子園に出場し、明治大学でもエースを務めた川上憲伸、広陵高校（広島県）時代から騒がれ、近畿大学ではそのリーグのタイトルを独占した二岡智宏《におかともひろ》らがその代表格だ。

しかし、私はそういう野球エリートではない。自分でも言ってきた通り、「雑草」だ。

二歳上の兄が少年野球チームに入ったのを追うように、同じチームに入って本格的に野球を始めたのは小学生の時だったが、そこは地元の少年を集めたチームで、もちろん軟式。専門のコーチもおらず、子どもの父親たちがコーチを務めていた。私の父も兄と私が入団したのを機にコーチ役を買って出た。

　入学した中学校には野球部がなかったので、陸上部に入った。

　硬球を握ったのは東海大学付属仰星高等学校に入ってからで、三年生になるまでは外野手。ピッチャーに転向してからも、同期にのちに日本ハム・ファイターズに入団し、テキサス・レンジャーズでは同僚となる建山義紀《たてやまよしのり》がいたので、私は二番手。公式戦に登板したのは、たしか三試合だけで、すべてリリーフ。通算でも六イニング程度だったと記憶している。

　野球は大好きだったから高校を卒業しても続けたかったが、控えピッチャーにはどこからも誘いはこなかった。それで、将来は体育教師になりたかったこともあって、大阪体育大学を受験したが、失敗。浪人を余儀なくされた。

　一年後に合格した大体大の野球部も決して強豪とはいえず、全国的には無名。東京六大学などは練習試合すら組んでくれなかった。

　だからこそ、そういうエリートたちには「負けてたまるか！」と強烈な反骨心を燃やした。それが私を突き動かしてきたのは間違いない。

学生時代から私は「国際試合に強い」と言われたけれど、これも反骨心のなせる業《わざ》だと思う。相手が強ければ強いほど、立ちはだかる壁が高ければ高いほど、私の反骨心はより燃え上がるのだ。

ライバルの存在が自分を突き動かす

ライバルを持つこと――。それは自分を駆り立てるための強いモチベーションになる。

ライバルの活躍を見て刺激を受ければ、「負けるものか」と発奮し、「こうしてはいられない」と自分を叱咤《しった》する。それが自分を動かす原動力になるわけだ。

できればライバルは身近な存在のほうがいいと思う。私はいつも近くにライバルをみつけようとしてきた。より近いところにライバルがいるほうが、自分の励みにもなるし、よいところを見習うこともできる。同じチームや組織内で競い合うことになるので、チームや組織にとってもいい結果をもたらすことになる。

二〇一三年のシーズンでいえば、抑え役を期待され、その年ピッツバーグ・パイレーツから移籍してきたジョエル・ハンラハンというピッチャーをライバル視していたし、日本にいた時の私は、繰り返すが由伸と憲伸を大いに意識してきた。

このふたりにはいまも強烈な対抗心を燃やしている。とくに憲伸は同じピッチャーで、しかも同時期にメジャーに移籍した。その際の契約条件は、私より憲伸のほうがよかったことも、私の反骨心を煽《あお》ったものだった。

もっとも、高校時代までは彼らに対してそれほど強い反骨心を抱いていたわけではなかった。その時点では、由伸や憲伸と自分との差は認めざるをえない。「仕方がない」とあきらめていたわけではないが、どこかで「住む世界が違う」と感じていた気がする。

しかし、大学受験に失敗し、浪人というハンデを背負い、先が見えないなかで悩み苦しむうちに、「やっぱり野球をやりたい」と強く思うようになった。と同時に、「野球ができることを当たり前だと思っているエリートには負けたくない」という強烈な反骨心が芽生えてきた。

「野球ができないつらさを知らないあいつらに負けてたまるか！　絶対に追いつき、追い越してやる！」

そういう強い対抗心が湧いてきたのである。

用具をゴミ箱に捨てるエリートたち

大学に入って、そうした私の反骨心にさらに火をつける出来事があった。

三回生の時だったと思う。私はアマチュアで構成される日本代表チームの一員に選ばれた。メンバーのなかには、社会人のほかに、私と同じ大学生もいたが、彼らはみな、東京六大学をはじめとする有力大学の野球エリートだった。

大体大は全国的には強豪とはいえなかったが、私が入学してからは所属する阪神大学野球リーグでは無敵といってもよく、四年間の在学中、五シーズンで優勝し、大学選手権にも三度出場した。

それはいいのだが、東京で行われる大会の遠征費は自腹である。部の活動費を基本的に自分たちでまかなっていた私たちにとっては、かなりきつかった。勝ち進むのはうれしいが、勝ち進めば勝ち進むほど滞在費はかさむ。まさしく痛し痒《かゆ》しで、たとえば球場入りする際、一回戦はきれいで豪華な「はとバス」をチャーターしたが、それがいつしか「都営バス」に変わった。チャーター代がはとバスの半分ですむからだ。

「早く負けたほうがいいんちゃうか？」

そんな冗談も出るほどだった。当然、使用するグラブやバットなどの野球用具もすべて、アルバイトなどをして自費で購入していた。

ところが、有力大学の選手の用具は、ほとんどがメーカーなどからの支給品だった。しかも、自分の金で買ったものではないからだろう、彼らは試合が終わるとアンダーシャツや靴下、バッティンググローブなどを平気でゴミ箱に捨てていた。

代表チームでは、私も支給を受けた。でも、それらは大切に持ち帰った。もちろん、練習で使うためだ。捨てるなんて、我々にとってはありえなかった。

用具をなんのためらいもなく平気でゴミ箱に放り投げる彼らの姿を見て、私は腹が立って仕方がなかった。そして、こう誓ったのをいまでも忘れない。

「絶対にこいつらには負けない。負けてたまるか！」

地味なドラフト一位

プロに入ってからも、反骨心は私を駆り立てるモチベーションになった。

ルーキーイヤーの一九九九年、私はいきなり二〇勝（四敗）をあげた。五月三十日から九月二十一日にかけては一五連勝をマークし、新人王はもちろん、最多勝、最優秀防御率、最多奪三振、最高勝率の四冠を独占。本格派のピッチャーとして最高の栄誉といえる沢村賞も頂戴した。

しかし、ドラフト一位とはいえ、私の活躍をシーズン前から予想していた人は——自分自身も含めて——ほとんどいなかったのではないか。

開幕前のメディアの注目はすべてと言っていいほど、甲子園の優勝投手として横浜高校から西武ライオンズに入団した松坂大輔《まつざかだいすけ》投手に向いていた。しかも私は、キャンプは二軍スタート。ほとんどの評論家の人たちからは「プロでは通用しない」と酷評されたし、メディアに不信感を持っていたこともあって、記者がやってきてもろくに話さなかった。

そのため、「地味なドラフト一位」と言われ、完全に無視されたと言っても過言ではないと思う。

メディアに対する不信感は、メジャーに行くか、それとも国内でプレーするか、迷いに迷っていた時期の報道に端を発したものだった。

「上原はメジャーと巨人を両天秤にかけている」

「日本の球界をバカにしているのではないか」

人生最大の選択に悩んでいる私を追いかけ回したメディアは、ちょっとした発言を拡大解釈して、いや、話してもいないことを創作までして、事実と違うことを報道した。私はノイローゼ寸前まで追い込まれ、一時は真剣に野球をやめようかと思ったこともあった。

ジャイアンツを逆指名したらしたで、今度は「メジャーがダメだったから巨人を選んだ」とか「巨人は腰掛け」と批判された。自分のことを理解してくれていると信じていた記者に裏切られたこともあった。

メディアに冷遇されたことをまったく寂しいとは思わなかったと言えば嘘になるけれど、誰にも邪魔されることなく自分のペースでプロ生活をスタートできたのはかえってよかったし、何より持ち前の反骨心がムクムクと首をもたげてきた。密《ひそ》かに私は思ったものだった。

「いまに見ておけよ。シーズンが終わったら、いままでの評価を覆してやるからな！」

一年目に自分でも出来過ぎと思うような成績を残すことができたのには、こうした思いが力になった部分は絶対にあったと思う。

ダルビッシュ投手の入団が刺激に

もちろん、アメリカでも私の反骨心は発揮された。

テキサス・レンジャーズに移籍した翌年の二〇一二年、ダルビッシュ有投手が六年五六〇〇万ドル＋出来高四〇〇万ドルの総額六〇〇〇万ドル（推定）という、当時史上最高額の契約でテキサスにやってきた。

誤解のないように断っておくが、ダルビッシュ投手本人に対して、私はなんのわだかまりもない。日本ではチームもリーグも違ったけれど、北京オリンピック日本代表としてともに戦った同志。その時の彼を見て、きっちり練習をするし、野球に対する取り組みは、素晴らしいものがあると感じたものだ。それに、テキサスで彼は先発、私は中継ぎで役割も違うから、限られた枠を彼と争うこともない。

しかし、率直に思った。

「あの契約はどうなんだ？」

ダルビッシュ投手はたしかに日本では文句のつけようのない実績を残した。第二回ワールド・ベースボール・クラシック（WBC）では日本の連覇に大きく貢献した。

しかし、メジャーではまだなんの結果も出していない。まったくのルーキーだ。それなのに、果たしてあれだけの契約をしていいものなのか。

メジャーというのは、一、二年で上がってこられるような世界ではない。どんな一流選手だって、マイナーで三、四年は下積みを経験している。その間の環境の厳しさは日本とは較べものにならない。給料は安いし、移動はバス。食事だって、三食ハンバーガーと言っても過言ではない。

みんながそういう経験をしてようやくたどり着いた世界に、いくら日本では唯一無比のピッチャーだったとしても、アメリカの野球をまったく経験していない選手がいきなり破格の契約で入ってきたら、ほかの選手はどう思うだろうか。

「こいつには負けたくない。負けてたまるか！」

絶対にそう思うはずだ。おそらく私が日本からやってきた時もそう思われたに違いない。少なくとも私は――ダルビッシュ投手本人にではなく、そういう契約を結んだという事実に対して――「ふざけるな！」と思った。

加えて、ダルビッシュ投手を追って日本からやってきた取材陣の数も尋常ではなかった。メディアの視線はすべて彼に注がれ、私と、当時やはりテキサスに所属していた建山は完全に無視された。私は平静を装っていたけれど、内心では思っていた。

「いまに見ていろよ」

テキサスでの二年目の好成績は、その気持ちが後押しした部分も小さくなかった。

中継ぎは先発の降格ではない

二〇一三年、私はアメリカに来て最高の成績をあげたが、これも開幕前に目にしたある出来事に対する反骨心が強い原動力になった。

その年の春、第三回WBCが開催された。三連覇を目指す日本代表投手陣の中心は、東北楽天ゴールデンイーグルスのエース、田中将大《たなかまさひろ》投手だった。大事な第一ラウンドの初戦となるブラジル戦の先発を託されたのも田中投手だった。

ところが、田中投手は格下と見られていたブラジル打線に四安打を許し、一点を失って二回で降板した。すると、一部メディアがこう報じたのだ。

「マー君、中継ぎ降格。エース剝奪《はくだつ》危機」

それを見た私は、猛烈に腹が立った。

「先発で調子が悪いから、中継ぎに降格？〝降格〟ってどういう意味やねん！」

「中継ぎをバカにするなよ！」――そう言いたかった。

日本にいたころはほとんど先発でやってきた私だが、ボルチモアで右ひじを傷めてからは、リリーフに回ることになった。移籍したテキサスでも主に中継ぎを務め、ボストンでも最初の役割はそうだった。

先発だった時は私も分からなかったのだが、楽なポジションなんてない。リリーフにはリリーフの大変さ、苦労があり、それらは先発の大変さ、苦労とは別物で、決して較べられるものではない。実際にリリーフを体験してみて、初めて分かった。先発も中継ぎも抑えも、ただ役割が異なるだけなのだ。チームにとっての重要度は変わらない。私は中継ぎという役割に誇りを持っていた。

ところが、日本では「先発で通用しないから中継ぎに〝降格〟された」という言い方をする。ということは、完全に中継ぎを先発より下として見ているということではないか。怒りが沸点に達した。

たしかに、メジャーでも中継ぎの評価は高いとはいえない。先発ピッチャーや野手の高年俸に較べれば、中継ぎのそれは微々たるものと言っても過言ではない。

でも、だからこそ私はそういう価値観を変えたかった。

「グラウンドに立てば、給料の高低なんて関係ない。みんな同じ条件だ。絶対負けない。あまりに低い中継ぎの評価を覆してやる！」

その気持ちが大きなモチベーションになったのだ。

マー君の移籍が火をつける

二〇一四年、田中将大投手がダルビッシュ投手を上回る契約でニューヨーク・ヤンキースに移籍した。今年はこのことが私の反骨心に火をつけることになりそうだ。

田中投手がニューヨークと破格の契約を結んだというニュースを目にした時、私は呆《あき》れた。ダルビッシュ投手の時と同じく、メジャーではなんの実績もあげていないピッチャーにあれほどのオファーをしたことに対して、だ。

何しろ、ヤンキースのローテーションを支え、二〇一三年には二桁勝利をあげた黒田《くろだ》博樹《ひろき》さんの年俸を超えている。「いくらなんでも、それはいかんだろう」と思うのだ。

日本のメディアに対しても私は言いたい。田中投手はまだメジャーでは何も結果を出していない。そういう選手を追いかけ回し、ニューヨークの家賃がどうとか、チャーター機で渡米したなどと報道している。

だが、黒田さんを筆頭に、毎年結果を出している選手がいるのだ。そういう選手のことをどうしてきちんと報道しないのか。「もっと活躍している選手のことを、きちんと取り上げてほしい」と思う。

ダルビッシュ投手の時も感じたが、あの騒ぎ方は、田中投手にとっても不幸ではないだろうか。あれだけ騒がれたら、間違いなくプレッシャーになる。まして彼が移籍したのはニューヨーク。伊良部秀輝さんの時のことを思い出せば分かるように、ファンやメディアの見る目は、非常に厳しい。万が一、期待に背くような結果になったら、手のひら返しはすごいと思う。

もちろん田中投手には活躍してそのプレッシャーをはねのけてほしいと思っているが、とにかく二〇一四年シーズンも私の反骨心が萎《な》えることはなさそうだ。この反骨心があるかぎり、私の現役生活もまだまだ続くと思っている。

第7章
覚悟を決める瞬間

まさかの三試合連続被弾

野球人生最大の屈辱だった。

二〇一一年十月。その年のシーズン途中にボルチモアからテキサスに移籍した私は、レンジャーズの本拠地グローブライフ・パーク・イン・アーリントンで行われたアメリカン・リーグのディビジョン・シリーズのマウンドに初めて立っていた。

タンパベイと激突したその第二戦。七対三とリードして迎えた七回表にリリーフとして登板した私は、先頭バッターをわずか二球でツーストライクと追い込みながらフォアボールを与えると、後続バッターに落ちないフォークボールをレフト前に運ばれ、ノーアウト一、三塁のピンチを招いてしまう。そうして迎えたエバン・ロンゴリアに左中間スタンドにスリーランを浴び、一死も取れないまま降板することになった。

デトロイトと対戦したリーグ・チャンピオンシップの第三戦にも、タンパベイ戦と同じ七回、今度は一対四とリードされた場面だったが、やはりミゲル・カブレラにホームランを献上。「今度こそ抑えてやる」と誓った第五戦でも、ライアン・レイバーンに右中間スタンドに突き刺さるホームランを浴びた。

三戦連続の被弾。ひとりのピッチャーがポストシーズンで三試合連続でホームランを打たれたのは史上初だったという。

「ちょっとしたパニック。まったく戦力になっていない……」

試合後、そう語ったように、打たれた直後は自分でも何がなんだか分からなかった。まさしく野球人生最大の屈辱だった。

プレーオフで、ワールドシリーズで勝つためにテキサスに求められてやってきたのに、まったく力になれないことが、たまらなく情けなかったし、悔しかった。

幸い、チームはワールドシリーズへの出場を決め、「もう一度チャンスがほしい」と私は願ったが、セントルイス・カージナルスと対戦するチームのロースター（登録メンバー）に私の名前はなく、その願いがかなえられることはなかった。

予想していたから大きなショックはなかったけれど、それでも悔しい気持ちがした。

そのシーズンはアメリカに来て初めて一年間フルに投げることができたし、残した数字

も最高といえるものだったけれど、この三試合でそれまで築いてきたものが崩れさって
しまった感じだった。

三者三振で雪辱

翌二〇一二年。

開幕前の一月にトロント・ブルージェイズとのあいだで、私をトレードするという話が合意に至った。

だが、トロントとのトレードを拒否する権利を持っていた私は、これを拒否してテキサスに残留。中継ぎとして三七試合に登板し、三六イニングスを投げて防御率一・七五の成績を残した。

前年は屈辱を味わったポストシーズンでも、古巣のボルチモアと戦ったワイルドカードゲームに二点を追う八回から登板し、クリーンアップトリオを三者連続三振に斬って取った。

残念ながらチームは敗れ、ディビジョン・シリーズ進出はならなかったが、この好投も、前年の失敗を教訓にしたことが大きかったと思う。

前年、三試合連続してホームランを打たれるなど不調だったのは、前述したように心が乱れていたことが大きな原因だったが、これにはポストシーズンに備える準備が不足していたことも影響していた。

というのは、シーズン前半に所属していたボルチモアは弱小で、とてもプレーオフに出られるようなチームではなかったため、開幕前はそこまで想定していなかった。レギュラーシーズン一六二試合をいかに乗り切るかということしか頭になかった。だから、レギュラーシーズンが終わった時点で、心も身体も完全にオフになっていたのだ。

その反省から、この年はポストシーズンまで射程に入れて、開幕前から準備をしていた。トレーナーの内窪氏に相談し、練習量も走り込みも増やすなどして、ポストシーズンまで戦えるだけのエネルギーを蓄えることを目指した。それが活きたのだと思う。

チームから必要とされていない

ただ、開幕前にトレード要員にあがったこともあって、シーズン中から私は感じていた。

「おれはこのチームからは必要とされていないのではないか……」

事実、登板はいわゆる敗戦処理が多かった。六月にDLに入ったことも影響したかもしれない。この年、鳴り物入りでダルビッシュ投手がテキサスに移籍してきたため、メディアやファンの目は彼に集中、私の存在感は薄れる一方だった。

「仕方がない……」

そう思いながらも、やはりつらかったのは事実だ。人間、自分の存在が無意味に思えることほどつらいことはない。

何より、中継ぎという役割が正当に評価されていないことに腹が立った。

それに、日本で残した実績を投げ打って挑戦したメジャーという舞台なのに、これまでの四年間でまだ満足できる結果を出していない。もっともっとメジャーで野球をやりたかった。絶対にこのまま終わりたくなかった。

そう強く思うと、持ち前の反骨心がムクムクと頭をもたげてきた。

振り返ってみれば、私の野球人生は順風満帆《じゅんぷうまんぱん》とは決して言えなかった。高校も大学も華々しい表舞台で活躍したわけではない。プロに入ってからはケガとの戦いの連続だった。

そのたびに私は「負けてたまるか！」と自分を鼓舞した。

「このくらいの困難で大好きな野球をあきらめてたまるか！」

そう言い聞かせ、立ち向かった。それが私を支えてきたのは間違いない。私は、踏まれるたびに強くなる「雑草」なのだ。悔しさがなければ、戦う競技の場に身を置く意味はない。

だから、テキサスの自分のポジションに対する評価があまりに低いことがはっきりした時、こう誓った。

「くそっ！　絶対に見返してやるからな！」

なぜ、あの人のためにがんばろうと思えるのか

そのオフ、私は新天地を求めて自らフリーエージェントを宣言した。声をかけてくれた球団は、十指にあまりあった。そのなかから私は、最終的にボストン・レッドソックスを選んだ。その理由は、ボストンがいちばん私を必要としてくれていると感じられたからだ。

ボストンは一九〇一年創設のア・リーグ屈指の名門だ。かつてはベーブ・ルースやテッド・ウィリアムズが在籍し、近年はロジャー・クレメンス、ペドロ・マルティネスといった名投手を輩出。日本人では松坂大輔投手と岡島秀樹《おかじまひでき》投手が所属していた。ニューヨーク・ヤンキースの宿敵として知られ、ファンの入り込み方もすごい。

二〇一二年の段階でリーグ優勝一二度、ワールドシリーズも七回制覇していたが、二〇一二年は投打がかみあわず、二十年ぶりの地区最下位に沈んでいた。

解任されたボビー・バレンタインに代わって二〇一三年からボストンで指揮を執るこ

とになったジョン・ファレルは、じつは前年のオフにトレードが成立しかかったトロントの監督だった。彼は初球から積極的にストライクを取りにいく私の攻めのピッチングを高く評価してくれていた。名門復活のためには、私の力が必要だと……。

自分を必要としてくれる――。そのことを実感できることくらいうれしく、またモチベーションを高めるものはない。それは野球選手にかぎったことではないはずだ。一般のビジネスパーソンだって、会社から「きみが必要なんだ」と言われたら、やる気が出るだろう。

ジャイアンツ時代、私は三人の監督の下でプレーしたけれど、とくに原辰徳《はらたつのり》さんは折に触れて私に声をかけてくれた。自然にそういうことができる人だった。

「おれのことを気にかけてくれているんだ」

そう感じられれば、「よし、この人のために、このチームのためにがんばろう！」と思うことができる。

テキサスと違って、ボストンは本当に私を必要としてくれているのが伝わってきた。

「私たちにはコージが必要なんだ。力になってくれ！」

そういう気持ちがみんなの態度や雰囲気、言葉の端々から感じられた。

実際、オファーの条件もいちばんよかったし、ベン・チェリントンGMも、キャンプで言ってくれた。

「きみを獲得できて、とてもよかった」

まだ結果を出す前から、まして三十八歳になろうとする私にそう言ってくれたのは、すごくありがたかった。

ボルチモアの時はアメリカに来たばかりで右も左も分からない状態。テキサス時代は、自分が果たして必要とされているのか分からなくて、暗中模索《あんちゅうもさく》が続いた。でも、ボストンでは最初から腰を据えて野球に打ち込むことができる。この違いは、私にとってはとてつもなく大きかった。

「おれを必要としてくれたこのチームのために全力を尽くそう。絶対に結果を出して、恩返ししよう！」

そう誓って私は、新天地でメジャー五年目をスタートさせたのだった。

クローザー転向

ボストンでも私の仕事は中継ぎだった。

序盤は好調で、四月二十一日のカンザスシティ・ロイヤルズ戦まで、前年から続く連続無失点記録を二二試合まで伸ばした。四月から六月まで、三二試合に登板、三〇イニングスを投げて防御率二・一〇。三振も四二個奪った。

しかも、起用されるのはランナーを置いている時が多かった。つまりはピンチの時、流れが相手に行きかけた時に出てきて、悪い流れを断ち切るという仕事が多かった。言い換えればそれは、チームが私を信頼し、必要としてくれているということを意味しているわけで、私も全力を尽くしてそれに応えた。その結果が、そういった記録となったのだろう。

ただし、断っておくが、私は記録にはまったく興味がない。自分が打たれるより、チームが負けるほうが悔しいし、打たれてもチームとして勝てばとりあえずはそれでいい。

幸い、チームも低かった前評判を覆し、地区首位を争った。ただ、投手陣はやや安定感を欠いていて、とくにクローザーの乱調で試合をひっくり返されることがしばしばあった。優勝に向けては、クローザーの不在が足かせになりそうだった。

開幕当初、クローザー役を担ったのは、その年、私とともにボストンに加入したハンラハンだった。だが、不調だったうえ、四月にはDL入り。後釜のアンドリュー・ベイリーも五月にDL入りしてしまい、その後は一五〇キロの速球を買われてタズ（田澤純一）が務めることになった。

けれど、タズも慣れない役割に気負いが出たのか、失敗することが多かった。その後、ベイリーが一時復帰したが、再びDL入りしたことで、私に白羽の矢が立つことになったのだった。六月下旬のことだった。

クローザーは、ジャイアンツ時代の二〇〇七年に初めて体験した。その年は開幕前にケガをして出遅れ、長いイニングを投げるためには少し時間がかかりそうだった。たまたまクローザーを務めていた豊田清《とよだきよし》さんがやや安定感を欠いていたため、「おまえがやってみろ」ということになったのだ。

プロに入ってからリリーフはほとんどやったことがなかったし、当然連投の経験もなかったから、不安がなかったかといえば嘘になる。が、五月二日の中日戦で初セーブをあげると、結局はシーズン終了までクローザーを任され、最終的に三二セーブをマークすることになった。

クローザーを経験し、思いやりや感謝の心が強くなった

実際にジャイアンツでクローザーをやってみて感じたのは、体力的には先発より楽だが、精神的には非常にきついということだった。

周囲は「抑えて当たり前」と考えているから、打たれたら戦犯扱い。先発なら、たとえば初回に二点を取られても「七回までその二点だけで抑えよう」と考え直すことができるけれど、クローザーがいきなり二点取られたら致命的だ。一球一球、すべて集中して投げなければならないし、ひっくり返されたら先発ピッチャーの勝ちを消してしま

う。先発の評価は基本的に数字でなされるから、ひとつ勝ち星が減れば、評価も下がってしまう。いわば彼らの生活を左右するわけで、これは大きなプレッシャーだった。

肩のつくり方ももちろんだが、気持ちのコントロールも慣れないうちは難しかった。先発の時は一週間に一回投げればよかったが、リリーフは毎日ベンチに入り、試合展開や状況によって準備しなければならないし、短時間で気持ちを集中させなければならない。

ある試合で九回までに五点ぐらいの差をつけられていたので、「今日は出番はないな」と思っていたら、味方が猛反撃で追いつき、急遽出番が回ってきた時もあったし、九回に投げるつもりで準備していたら、九回も一〇回も出番が来ず、ようやく一一回にマウンドに上がったこともあった。その試合はホームランを浴びて初めて負け投手になってしまったが、一度、気持ちを切ってしまうと、もう一度上げていくのに、すごく苦労したものだった。

とはいえ、クローザーを経験したことは、ピッチャーとしての器をひと回り大きくしてくれたように思う。野球はひとりでやるものではないということをあらためて認識したし、人間的にも思いやりや感謝の心が強くなった。

野球選手というものは、ある意味、「選ばれた者」で、とかく自分の力だけでいまの地位を築いたと思っている。とくにエリートほどその傾向が強い。

しかし、そんなことは絶対にない。生んでくれた両親をはじめ、知らず知らずのうちに人からさまざまな恩恵を受けているはずだ。いい成績を残せるのは、チームメイトや裏方の支えがあってこそ。先発投手に勝ちがつくのも、打線が援護してくれるからであり、完投しないかぎり、必ずリリーフ陣の力を仰ぐことになる。自分の力だけで勝てたなどというのはまったくの誤解なのであり、だからこそ、自分を支えてくれた人たちに対する感謝の心を忘れてはならないと私は思う。

連投させてもらっていることも、きつかったけれど、うれしかった。それだけ信頼されているということもあるが、それ以上に毎日好きな野球をしていることを実感できるのがうれしかったのだ。二〇〇〇年、二〇〇一年と、ケガで投げられない時期があったので、毎日投げられる喜びはひとしおだった。

中継ぎからスタートしたボルチモアでの二年目にも、安定感が評価されて暫定的にクローザーを務めたことがあったが、先発であろうと、中継ぎであろうと、抑えであろうと、やるべきことに変わりはない。入念な準備をしたうえで覚悟を決めてマウンドに上がり、後悔しないよう、一試合、ひとりのバッター、そして一球一球に集中し、全力で抑えにいった。結果も悪くなかった。だから、ボストンのクローザーに指名された時も、考えたのはそれだけだった。

決断、行動し、責任を取ってこそ、自分の人生

六月二十六日に初セーブをあげ、それを含めた七試合で二勝四セーブをあげて迎えた七月六日のロサンゼルス・エンゼルス・オブ・アナハイム戦でのことだった。五点差で迎えた九回。点差が開いていて、抑えてもセーブポイントはつかない場面だったためか、マウンドには私ではなく、若手のピッチャーが上がった。ところが、連打とデッドボールで二死満塁のピンチを招くと、急遽私がリリーフすることになった。しかし、準備が万全でなかった私は、三番、四番に連打を浴び、一点差にされると、さ

らにエラーが重なり同点に。結局、七対九で逆転負けを喫してしまった。

試合後、私はピッチングコーチと監督に対して自分の考えを率直にぶつけた。

「私を使うなら、イニングの頭から使ってくれ。私はセーブには興味がない。チームが勝つことにしか興味がないんだ。何点差であろうと、頭からなら喜んで投げる。でも、違うピッチャーを出して、打たれたから『コージ、行ってくれ』というのは嫌だ。それだけはやめてくれ」

事実、打たれるのは、そういう起用をされた時が多かった。おそらく、「自分が打たれたら、チームだけでなくそのピッチャーにも悪い」と妙に気を遣い、変に力が入ってしまうのだと思う。言い換えれば、責任は全部自分が背負いたいのだ。誰かと一緒に責任を分け合いたくないのである。

日本にいた時は、起用法について監督やコーチに訴えることはなかった。しかし、アメリカではそうしないとダメだと思った。アメリカでは、黙っていては誰も助けてくれない。向こうの言いなりになってしまう。「こうしたい」と思うのなら、自分から求めないと状況は変わらないのだ。

前に佐々木主浩さんに言われた言葉を紹介した。

「周囲がよいことを言おうと、悪いことを言おうと、関係ない。結局は自分しかない。やったことに対しては自分が責任を持たなければならない」

そうなのだ。監督やコーチに言われるままに投げて打たれた。その責任を監督やコーチが取ってくれるだろうか。彼らと自分、どちらがクビになるかといえば、私なのだ。

自分の人生である。自分で決断し、行動する。それによって生じた結果の責任は、自分で取るしかないのだ。

だから私は、たとえ疎《うと》まれようが、生意気と思われようが、煙《けむ》たがられようが、言いたいことや主張すべきこと、正しいと思ったことは包み隠さず口にする。そうしなければ、事態や状況は変わらないからだ。そして、口にするからにはその結果を残すために、徹底的に準備をし、覚悟を決めている。

誰かが発言しなければ現状は変わらない

自分を主張するという姿勢は、日本にいた時からだった。

たとえば、二〇〇三年のオフにはジャイアンツの選手として初めて契約交渉を代理人に任せた。プロとして年俸の額にこだわるのは当然だ。それで自分の評価が決まるからである。球団の提示額と自分の希望額が一致すれば問題はない。しかし、食い違った場合は交渉が必要になる。そうなった時、以前は選手ひとりで球団側と対峙しなければならなかった。

これは明らかに不公平だ。相手はいわば交渉の「プロ」である。対してこちらの仕事は野球をプレーすることで、交渉事に関してはまったくの素人であるからだ。そこで日本プロ野球機構でも二〇〇〇年から代理人制度を認めるようになったのだが、ジャイアンツは認めなかった。

しかし、球界の盟主と呼ばれるジャイアンツが変わらなければ、球界全体が本当に変わることはない。私は、自分だけでなくすべての選手が正当に評価されなければいけないと思っていた。そして、そのためには代理人を認めさせるしかないと確信していた。だから、自分が先陣を切って代理人をつけることを主張したのだ。二〇〇四年のオフには、やはりジャイアンツが認めていなかったポスティングでのメジャー移籍も直訴した。

ほかにも、タイトル争いにおける醜《みにく》い逃げ合いを否定したり、プロ選手がアマチュアの選手を教えられないなどというプロとアマの垣根は一刻も早く取り払うべきだと述べたりと、プロ野球の在り方についても、いろいろなことを発言してきた。WBCで田中投手が中継ぎに「降格」させられたという報道に激怒したのも、中継ぎの地位と価値を少しでも上げたいとずっと努めてきたからだ。

最近は、ワールドシリーズにアジアのチームを出場させたらどうかと考えている。すなわち——いきなりワールドシリーズで対戦するのは無理にしても——まずは日本シリーズ優勝チームをはじめとする韓国や台湾のチャンピオンチーム同士が戦ってアジアのナンバーワン・チームを決め、そのチームがアジアの代表として、ワイルドカード枠でポストシーズンゲームに出場したらおもしろいのではないかと思うのだ。

そのほうが、メジャーの有力選手がたいして出場しないWBCより、よほど「世界一決定戦」と呼ぶにふさわしいし、そもそも「ワールドシリーズ」と銘打っているのだから、世界各地からチームが参加しなければおかしい。看板に偽《いつわ》りありというほかない。日本で優勝してもあくまでも「日本一」としか呼ばれないのに対し、（世界中から選手が集まっているのは事実だけれど）アメリカのチームだけで戦って「世界一」というのはおこがましいではないか。

トーナメントのような短期決戦であれば、日本のチームにも勝機は充分にあると思うし、となれば日本の選手たちにとっても大きな励みになるはずだ。

「だったら、おれは日本でがんばってアメリカのチームをやっつけてやる！」

そう考える選手も出てくるだろうし、そうなれば日本のみならずアジア各国のプロ野球を活性化させることにもつながるだろう。

アジアのチームがワールドシリーズで戦うというのは、現時点では夢物語かもしれないが、昔もいまも私は間違った主張をしているとは思っていないし、何より誰かが発しないと、たとえみんな思ったり感じたりしていることでも、広がっていかない。そのためには自分が悪者になってもかまわなかったし、いまもそう考えている。

こうした行為は、日本では生意気と言われるかもしれないが（現実に私はそう言われた）、アメリカではむしろ喜んでくれる。事実、「言ってくれてありがとう」と感謝されることが何度もあった。

心が充実してこそ、技術、身体がついてくる

自分の納得できる起用をされるようになったこともあって、私の好調は続いた。七月から八月まで二四試合に投げ、自責点はゼロ。八月十七日から九月十三日までは、三七人連続アウトを取った。これは、リリーフで史上二番目の記録だったという。七月九日からはじまった連続無失点試合記録は二七試合、連続無失点イニングは三〇回三分の一まで伸び、チームも完全に上昇気流に乗った。

この好調を支えた最大の要因は、やはり「チームに必要とされている」と心から実感できたことだった。

「コージだから、この場面を任せるんだ！」

「おまえには期待している。次も頼むぞ」

監督やコーチは、折に触れてそういう言葉をかけてくれた。たまらなくうれしかった。ハイファイブは、私のそういう気持ちの表れだった。

「心・技・体」の「心」が非常に充実していたから、身体もきついながらもなんとかなったし、技術もついてきた。とくに、スプリットは私の最強の武器となった。それは、ゴロが多くなった事実が雄弁に物語っている。七月は全アウトの四一パーセント、八月は五七パーセントをゴロでとっていたそうだ。それだけ低めのいいところにボールをコントロールできていたということだろう。

そして迎えた九月二十日。本拠地フェンウェイ・パークでのトロント・ブルージェイズ戦。八回途中からリリーフに立った私は、一回三分の二を無失点に抑え、二〇セーブ目を記録。同時に、最後のバッターをスプリットで三振に斬って取った瞬間、ボストンの六年ぶりの地区優勝が決まった。

胴上げ投手になったのは、これが初めてだった。

反骨心全開でリーグ・チャンピオンシップ進出

ア・リーグ東地区を制したボストンは、ディビジョン・シリーズで同地区に所属するタンパベイ・レイズと対戦することになった。

ここでも、私を腹立たせ、反骨心に火をつける出来事があった。

ボストンが先勝して迎えた第二戦の九回に登板し、全球ストライクの三者凡退で締めた私は、リーグ・チャンピオンシップ進出をかけた第三戦でも九回、同点の場面でマウンドに上がった。

簡単にツーアウトを取った。ところが、そこでレギュラーシーズンに七本塁打しか打っていないホセ・ロバトンという選手に、エイが泳ぐバックスクリーン横の巨大水槽にまさかのサヨナラホームランを叩き込まれ、負け投手となってしまった。ホームランを打たれたのは、三九試合ぶりのことだった。

すると、抑えた時にはめったにやってこない記者たちが私のもとに殺到し、こう訊ねた。

「二〇一一年の悪夢が甦らないか？」

そう、テキサス時代にポストシーズンで三試合連続被弾したことである。

答えから言えば、「NO」。まったく思い出すことはなかった。

「過去は戻ってこない」

何度も言っているように、私はそう考えている。どんなに悔やんだって、過ぎたことはもう帰ってこない。やり直すことはできないのだ。

ならば、どうしてそういう結果になったのか、何がいけなかったのか、反省したら、あとは前を向くべきだと思う。私はいつもそういう態度で日々を送ってきた。この三連発も、いまでは自分から酒のつまみ、つまり笑い話にしているほどだ。

だから、ロバトンに打たれたホームランについても、私はこう考え、それ以上引きずることはなかった。

「エイにエサをやれてよかったじゃないか」

それなのに、メディアは二年も前のことを持ち出して、論評する。なぜ、そんなことをするのか私にはまったく理解できなかったし、こちらはもう次の日を見ていると言っているにもかかわらず、いつまでもそういうことを訊いてくるメディアに腹が立って仕方がなかった。

そういう反骨心を燃えたぎらせて臨んだ第四戦。一点リードした八回ツーアウトから登板した私は、バッター四人を連続アウトに仕留めた。この勝利でチームは五年ぶりにリーグ・チャンピオンシップ進出を果たしたのだった。

シリーズMVP

「吐きそう……」

私がそう振り返った、前年（二〇一三年）のリーグ・チャンピオン、デトロイト・タイガースとのリーグ・チャンピオンシップは十月十二日、フェンウェイ・パークで幕を開けた。

出番は初戦にいきなりやってきた。一点リードされた九回だった。私はいきなりふたりのランナーを出してしまい、そこで四番のプリンス・フィルダーを迎えることになった。幸い、このピンチはショートのスティーブン・ドリューの好守に助けられ、なんとか無失点に抑えたけれど、チームは完封負けを喫してしまった。

第二戦も四点のビハインドを背負う苦しい展開。しかし、八回裏にオルティーズの満塁ホームランが飛び出し、タイに持ち込むと、最後はサヨナラ勝ち。九回表を三者凡退で切り抜けた私が勝利投手になった。

この勝利で流れを引き寄せたボストンは、第三戦も一点をリードして終盤へ。ところが八回、ワンアウト・ランナー一塁の場面で登板したタズがヒットを許し、一、三塁とピンチを広げてしまう。しかも、迎えたバッターは、現在メジャーリーグで最強のバッターといってもいい二〇一二年の三冠王、ミゲル・カブレラだった。

犠牲フライでも同点の場面。しかし、ここでタズが渾身のピッチングを見せる。すべて四球ストレートで見事空振りの三振に打ち取ったのだ。

そのあとを受けてマウンドに上がった私が、意気に感じないわけがない。初戦でも対戦したフィルダーをストレートでツー・ナッシングに追い込むと、最後はフォークボールで三球三振。続く九回もしのいで勝利に貢献すると、続く第五戦も一点差の八回裏ワンアウトから登板し、五者連続アウトで切り抜けた。

ワールドシリーズまで、いよいよあと一勝。しかし、このリーグ・チャンピオンシップは、ここまですべて僅差での登板が続いていた。肉体はともかく、精神的にさすがに疲労が限界に達していた。メディアに対して、思わず「休みたい」ともらしたほどだった。

勝てばワールドシリーズ進出が決まる第六戦。チームは三点をリードして九回を迎えた。当然のごとく、そのマウンドには私が上がっていた。私はツーアウトを取ってからヒット一本を許したものの、最後のバッターを空振りの三振に打ち取った。その瞬間、レッドソックスの一三度目のリーグ制覇が決まった。むろん、最後の球は、私の信頼しているフォークボールだった。

シリーズ六試合中、五試合に登板、一点も許さず、一勝三セーブをあげた私は、シリーズMVPに選ばれた。

世界一

きつかったリーグ・チャンピオンシップを乗り越えたことで、ワールドシリーズはすごくリラックスして臨むことができた。

ナ・リーグよりア・リーグのほうが――私はナ・リーグを経験していないのであくまでも印象に過ぎないが――強豪が多いと思っている。カブレラやフィルダー、さらには十年連続三割三〇本塁打一〇〇打点をマークしたアルバート・プホルス（ロサンゼルス・エンゼルス・オブ・アナハイム）をはじめ、規格外の強打者もたくさんいるし、指名打者制もある。

事実、同地区のタンパベイは本当に強かったし、デトロイトはそれ以上だった。はっきり言って、リーグ・チャンピオンになれば、世界一になれると思っていた。

ワールドシリーズが行われるスタジアムの雰囲気も、甲子園での阪神・巨人戦に較べれば、それほど緊張を強いるものではなかった。甲子園での阪神・巨人戦、あれはちょっと特別だ。まるで地震が起きているようで、心臓にドーンと来る感じがある。ジャイアンツ時代、私はそれをアウェイの立場で経験していたので、ワールドシリーズでも雰囲気に呑まれるようなことはなかった。

だから、三勝二敗と世界一に王手をかけて迎えた第六戦、優勝を決める大事なこの一戦も――一カ月近くに及んだ気を抜けないサバイバルレースを通して疲労は限界に達していたとはいえ――気持ちは冷静だった。試合前も、ブルペンでも、私はいつもと変わらぬ準備をした。

六対一と五点リードして迎えた九回。私の出番はやってきた。

「自分はこの時のためにしっかり準備した。打たれるわけがない！」

いつものように覚悟を決めてマウンドに上がった。

まず考えたのは、「先頭打者だけは絶対に塁に出してはいけない」ということだった。逆に言えば、それさえできれば抑えられると信じていた。

その先頭打者のジョン・ジェイは二球目に手を出し、レフトにフライを打ち上げた。ボールがグラブに収まると、フェンウェイ・パークの歓声は一段と強まり、続くダニエル・

デスカルソをやはりレフトフライに打ち取ると、興奮と盛り上がりは最高潮に達した。

何しろ、ボストンが地元でワールドシリーズ制覇を達成すれば、じつに九十五年ぶりのこと。日本でいえば、大正時代。当時のメンバーには、ピッチャーでもあったベーブ・ルースがいたという。

その大事なマウンドに日本人の私が立ち、歓喜の瞬間を迎えようとしている。

あとひとり――。

三番目にバッターボックスに入ったのはマット・カーペンターだった。ツーボール・ツーストライクからの七球目だった。サインはもちろん、フォークボール。私は思い切り腕を振り下ろした。次の瞬間、カーペンターのバットは空を切っていた。

空振りの三振。チームメイトが一斉に私のもとに駆け寄ってくる。キャッチャーのデビット・ロスに抱きかかえられた私は、思わず右腕を突き上げていた。その指先は「1」を示していた。

もちろん、「世界一」の「1」だった。雑草でも、世界一に上り詰めることができる――そのことの証明だった。

おわりに——自分で限界をつくらない

ディビジョン・シリーズ、リーグ・チャンピオンシップと同様、ワールドシリーズでも最後のバッターを空振りの三振に打ち取った時、私の心のなかを占めたのは、喜びでも感動でもなく、こういうことだった。

「これで休める……」

レギュラーシーズンの登板試合数は七三。ポストシーズンが一三試合だったから、年間八六試合に登板した計算になる。オープン戦も含めると、この一年で一〇〇試合くらい投げたのではないか。こんなに投げたシーズンは、もちろんない。だから、「これでもう投げなくてもすむ」とホッとしたのだ。

ワールドシリーズ制覇から三日後、二〇〇万人ものファンが集まったといわれる優勝パレードを終えると、私は自宅のあるボルチモアに戻り、家族と過ごす時間を味わった。

野球のことは――完全に忘れ去るのは無理だけれど――極力考えず、食べたい時に食べたいものを食べ、飲みたい時に飲みたいものを飲んだ。起きたい時に起き、寝たい時に寝た。

けれども、ワールドシリーズ制覇から三週間ほどがたった十一月二十日。私は来季に向けてのトレーニングをスタートさせた。

「歳をとればとるほど、早くから始動しろ」

ジャイアンツ時代、工藤公康さんにそうアドバイスされた。工藤さんに従って、年々、スタートの時期が早くなってきた。二〇一三年はワールドシリーズがあったから遅くなったけれど、三十代後半になってからは十月下旬くらいから動くようになっている。

メジャーのキャンプのスタートは、日本に較べると遅い。二月下旬くらいがキャンプインだ。その代わり、万全の状態で参加することを求められる。チームからは「オフにはこういうことをやっておいてくれ」というトレーニングメニューが送られてくる。

シーズンオフという時間は、遊ぶためにあるのではなく、翌シーズンに備えるためにあると私は考えている。身体の疲れを取り、精神的にリフレッシュしたら、万全の状態でシーズンを迎えられるよう、準備をする。そのための時間がシーズンオフなのだ。

「来シーズンは大変でしょう」

よく訊かれたけど、私自身は何も変わらない。

もちろん、あれだけ投げたし、成績もこれまでで最高だったと言っても過言ではないから、「今年も同じような結果を出せるのだろうか」という不安はある。

でも、ワールドシリーズの優勝は、私にとってはもはや過去のことだ。

「そういえば、そういうことがあったな」

そんな感じだ。

だから、いま考えているのは、例年同様、覚悟を決めてマウンドに上がれるよう、入念な準備を日々繰り返す――。それだけだ。


二〇一四年四月三日で、私は三十九歳になった。

同級生の高橋由伸と川上憲伸はまだ現役を続けているけれど、ジャイアンツの同期で一歳年下の二岡智宏は二〇一三年のシーズンかぎりで引退した。二岡のほかにも年下の選手がどんどんいなくなっている。私自身、引き際について訊かれることが多くなった。でも私には引退のイメージはない。

私の身体をこの四年間見続けてくれているトレーナーの内窪氏によれば、私の身体は、手足の長さ以外、とりたてて優れたところはないそうだ。自分でも、子どものころから地肩《じかた》が強かったなというくらいしか思いつかない。

けれども、いや、だからなのか、体力的にはむしろ歳をとってからのほうが上がっている気がする。実際、成績も年齢と逆行してよくなってきているし、毎日が充実している。

みんなが先のことを話題にしたがるけれど、私自身は今日、明日のことしか考えていない。もうそれほど現役を長く続けられないことは分かっているから、一日、一日を大切にし、無駄にはしたくないのだ。

だから、二十代のころより、いまのほうががむしゃらに野球に取り組んでいるとも思うし、楽しく野球ができている。

大学を卒業する時、野球をやめようと思ったことがあると前に述べた。日本のプロ野球に進むか、それともメジャーに挑戦するか、悩みに悩んでいた時だ。

ギリギリまで悩んだ末、大阪体育大学の中野和彦監督に私は言った。

「野球をやめます」

すると、中野監督はこう答えた。

「一度家に帰って、いちばん楽しかった時のことを思い出せ。それが野球だったら、野球を続けたらいい」

答えは言うまでもない。野球以上に楽しいことはなかった。野球以上に好きなことはなかった。

小学生の時、毎日学校が終わったらグラブとバットを持って近所の空き地に集合し、暗くなるまで草野球に興じた。そのうち、チームの勝ち負けを競って真剣にプレーすることにゾクゾクするほどの快感を得るようになった。勝った時のうれしさは言葉にしようがないほどだった。

「野球って、おもしろいなあ」

強く感じたものだ。

野球をしたい――。その気持ちがずっと私の原動力となった。

楽しく野球をするには、自分のレベルを上げなければいけない。より高みを目指そうとするからこそ、楽しい。より楽しく野球をするために、私はここまでやってきた。

「ワールドシリーズで優勝したいま、何がモチベーションになるのか？」

そう訊かれることがある。

だが、世界一になったといっても、それはゴールではない。来年もまたあの舞台に立ちたいという欲はあるし、そもそも私は、こと野球に関しては、これまで一度も満足したことがない。「このくらいでいいや」と思ったこともない。

上を目指さないと自分が伸びないし、体力的、肉体的にはもうそんなに伸びることはないだろうけれど、技術だけでなくメンタルを含めた投球術というものは、むしろ年齢とともに経験を重ねていくなかで向上する。その意味で、伸びしろはまだまだたくさんあると思っている。

限界を誰がつくるのかと言えば、自分自身だろう。自分が「もうここまでだ」「このあたりでいい」と考えてしまえば、その時点で成長は止まる。私は自分で限界はつくりたくない。まだまだ発展途上なのだ。

「もっと野球をしたい」

その気持ちがあるかぎり、私はさらなる高みを目指し、「雑草魂」をもって前に進んでいきたいと思っている。

アメリカでプレーすることにもこだわっていない。もしメジャーのチームから声がかからなくなったとして、その時、日本のどこかの球団が本当に私を必要としてくれるなら、喜んで帰国してプレーする心づもりでいる。

ただし、それがいつになるのかは分からない。ひとつだけ確実なのは、その日が来るまで私は毎日悔いの残らないよう入念に準備をし、覚悟を決めてマウンドに向かうだろうということだけだ。

上原浩治

二〇一四年四月

【写真提供】第1章扉：AP／アフロ●第2章扉：AP／アフロ●第3章扉：ロイター／アフロ●第4章扉：アフロ●第5章扉：USA TODAY Sports／アフロ●第6章扉：アフロ●第7章扉：アフロ

上原浩治［うえはら・こうじ］

1975年４月、大阪府生まれ。東海大学付属仰星高等学校卒業。１年の浪人の後、大阪体育大学に入学。大学３年時に日本代表に選ばれ、97年のインターコンチネンタルカップ決勝では、当時国際大会151連勝中だったキューバを相手に先発し、勝利投手となる。

98年、ドラフト１位で読売巨人軍に入団。１年目に、新人王と沢村賞を獲得。2004年、アテネオリンピック野球日本代表に選ばれ、銅メダルを獲得。2006年には、第１回ＷＢＣ日本代表に選出され、初代王者に貢献。

2008年11月にＦＡ宣言でのメジャー挑戦を表明し、翌年１月にボルチモア・オリオールズと契約。2011年、テキサス・レンジャーズへ移籍し、ア・リーグ優勝に貢献。2012年オフにＦＡとなり、ボストン・レッドソックス入り。2013年、日本人初のリーグ優勝決定シリーズＭＶＰを獲得。また、その後のワールドシリーズでも、日本人初のセーブをあげ世界一に貢献。日本人初の胴上げ投手となる。

PHP新書
PHP INTERFACE
http://www.php.co.jp/

覚悟の決め方

PHP新書 925

二〇一四年五月二十九日　第一版第一刷

著者――上原浩治
発行者――小林成彦
発行所――株式会社PHP研究所
東京本部――〒102-8331 千代田区一番町21
新書出版部 ☎03-3239-6298(編集)
普及一部 ☎03-3239-6233(販売)
京都本部――〒601-8411 京都市南区西九条北ノ内町11
制作協力
組版――株式会社PHPエディターズ・グループ
装幀者――芦澤泰偉＋児崎雅淑
印刷所
製本所――図書印刷株式会社

ISBN978-4-569-81907-5

ＰＨＰ新書刊行にあたって

「繁栄を通じて平和と幸福を」（PEACE and HAPPINESS through PROSPERITY）の願いのもと、ＰＨＰ研究所が創設されて今年で五十周年を迎えます。その歩みは、日本人が先の戦争を乗り越え、並々ならぬ努力を続けて、今日の繁栄を築き上げてきた軌跡に重なります。

しかし、平和で豊かな生活を手にした現在、多くの日本人は、自分が何のために生きているのか、どのように生きていきたいのかを、見失いつつあるように思われます。そして、その間にも、日本国内や世界のみならず地球規模での大きな変化が日々生起し、解決すべき問題となって私たちのもとに押し寄せてきます。

このような時代に人生の確かな価値を見出し、生きる喜びに満ちあふれた社会を実現するために、いま何が求められているのでしょうか。それは、先達が培ってきた知恵を紡ぎ直すこと、その上で自分たち一人一人がおかれた現実と進むべき未来について丹念に考えていくこと以外にはありません。

その営みは、単なる知識に終わらない深い思索へ、そしてよく生きるための哲学への旅でもあります。弊所が創設五十周年を迎えましたのを機に、ＰＨＰ新書を創刊し、この新たな旅を読者と共に歩んでいきたいと思っています。多くの読者の共感と支援を心よりお願いいたします。

一九九六年十月

ＰＨＰ研究所